中学校 ワクワク飛び出す

ARを使った

理科授業

矢野充博 著

はじめに

　本書を手に取っていただきありがとうございます。AR（=Augmented Reality）をどのように授業で活用しているのかを知りたい、自分でもやってみたいと思われた方に読んでいただければ嬉しいです。

　ARを理科の授業に取り入れて4年が経ちます。初めは私自身が試してみて面白そうだなと思っていただけでしたが、生徒にもワクワクするような体験をしてもらいたいと思ったのが授業に取り入れた動機でした。

　私は2015年にApple Distinguished Educatorに選ばれました。それ以降、世界のあちこちで研修を受けることができました。2018年AmericaのAustinでARの心臓が目の前で動くのを初めて見ました。2019年AustraliaのGold CoastでARアプリ「AR Makr」で自分の描いた絵が出現して驚きました。「こんなことが簡単にできるなんて…」と思いました。ただ、このときは授業でARを活用できるイメージは湧きませんでした。ところが、2019年12月に知ったiPadアプリ「Reality Composer」に衝撃を受けました。これなら何でもできると直感しました。初めて制作したのはスライムでした。もう少し大きなものをつくりたくなり、実物大のティラノサウルスをつくりました。つくり方を整理して、Apple Booksで「ARで古代の生き物をよみがえらせよう」を一般向けに出版しました。生徒にもつくり方を紹介して、授業で活用しようとした矢先、新型コロナウィルスの影響で休校になり、思うようには進みませんでした。それでもオンライン授業でAR原子を体験してもらうところから着実に始めました。ARを活用した授業はこれからもっと進化して深みを増していくと思います。授業でのARの活用が普通になる世の中になればよいなと思っています。

　第1章では、ARを活用する目的について解説します。タブレット端末での活用を前提としているので、タブレット端末の活用についてのピラミッドチャートでの解説と、ARを活用することによる生徒の変化についても触れています。

　第2章では、ARを授業で活用するための5つのポイントを解説します。

ARは見るだけではなくて、自分がイメージしたことを表現するためのツールとしても活用してほしいです。

　第3章では、中学理科の3年間でどのように活用したのかを授業ごとにまとめています。各ページには2次元コードがついています。左側がARを活用しているムービー、右側はARコンテンツをiPhoneやiPadで実際に試すことができます。本書で紹介したARコンテンツは特に注釈がないかぎりは、iPadアプリ「Reality Composer」で自作しました。これらのARコンテンツは、個人での勉強や学校の授業については、ご連絡をいただかなくても自由に活用してください。生徒に再配布していただいても構いません。ただし商用利用する場合はご相談ください。

　第4章では、ARコンテンツの制作方法と3Dスキャンする方法について解説しています。VRで制作したコンテンツをARコンテンツとして利用する方法についても触れています。

　第5章では、ARを活用した授業のアイデアをいくつか紹介しています。

　実際には試していませんが、みなさんの何かの参考になれば嬉しいです。

　さっそくちょっとARを試してみたくなった方は、右下の2次元コードを読み取ってください。巨大なARティラノサウルスが出現します。ひょっとしたら、天井を突き抜けてしまっているかもしれません。

　それではARの世界をワクワク楽しんでください。

矢野充博

ARティラノサウルス

はじめに　2

第1章　何のためのAR活用か　……9

立体感を感じるとワクワクする　10

夢中になることがすべてのスタート　11

ARはどんな場面で活用できるか　14

ARを授業で活用する利点　15

UserからCreatorへ　17

ARを活用した授業による生徒の変化　19

PBLの成果物の紹介　22

第2章　ARを授業で活用するときのポイント　……25

活用の段階を意識する　26

体験してみる　27

ちょっとつくってみる　28

アニメーションを付けてみる　30

パーツを組み合わせる　31

イメージしたものを自分で制作する　32

第3章 授業での活用31事例 ……………… 35

1	中学1年	花のつくり	36
2	中学1年	双子葉類と単子葉類の違い	38
3	中学1年	凸レンズによる像	40
4	中学1年	AR地形模型で火山の観察	42
5	中学1年	地震による津波の被害の想定	44
6	中学2年	原子の大きさを体験	46
7	中学2年	水の中にいる生き物の観察	48
8	中学2年	植物の維管束の観察	50
9	中学2年	心臓のつくりと動き方の観察	52
10	中学2年	肺のつくりと呼吸の仕組み	54
11	中学2年	腕の曲げ伸ばし	56
12	中学2年	棒磁石の磁界	58
13	中学2年	モーターはなぜ回り続けるのか？	60
14	中学2年	リニアモーターの進む原理	62
15	中学2年	気圧配置図をARで見る	64
16	中学2年	陸風と海風	66
17	中学2年	高気圧と低気圧の風の向き	68
18	中学2年	前線と雲の動き	70
19	中学2年	台風の動き	72
20	中学2年	雪を降らせる	74
21	中学3年	ARで古代の生物を蘇らせる	76

22	中学3年	原子の構造　　　78
23	中学3年	太陽高度は緯度によって違う　　　80
24	中学3年	天体はぐるぐる回る　　　82
25	中学3年	星座が見える方位はどちら？　　　84
26	中学3年	太陽高度と気温の関係　　　86
27	中学3年	季節によって太陽高度が変わる理由　　　88
28	中学3年	8つの惑星の大きさと公転周期を調べる　　　90
29	中学3年	複雑な動きをする惑星（金星）　　　92
30	中学3年	月の満ち欠け　　　94
31	中学3年	星座を立体的に見る　　　96

第4章　ARコンテンツの制作方法の紹介　　　99

Reality Composer（iOS）でARコンテンツをつくる　　　100

Scaniverse（iOS）で実物を3Dスキャンする　　　110

その他のおすすめアプリ　　　116

第5章 ARを活用した授業のアイデア ……119

 ミニチュアで過去の街並みを再現　　120

 物語の立体紙芝居　　121

 ロケットや大仏を並べる　　121

 世界のどこかの紹介ムービー　　121

 大型迷路　　121

 いろんな楽器の音色　　121

 バランスタワー　　122

 不可能図形の制作　　122

 箱を使って三択クイズ　　122

 大型水族館・動物園　　123

 テレポーテーション授業　　123

 おわりに　　124

第1章
何のための AR活用か

⊕ 立体感を感じるとワクワクする

　みなさんは、テーマパークのアトラクションなどで特殊なメガネをかけて立体的に飛び出す映像を見て、あっと驚いた経験がありますか。とても不思議な感覚でワクワクします。

　でも、どうしてワクワクするのでしょうか。私たちは普段あまり気にしていませんが、身のまわりを見渡してみると、すべて立体的な構造物でできています。ですから、立体的に見るということにはとても慣れているはずなのに、立体的に見えることに対して興味を持つのは奇妙なことです。それはきっと意外性を楽しんでいるのではないかと思います。

　例えば、アトラクションで平面だと思い込んでいる絵が、突然立体的に飛び出して見えるようなときです。あり得ないことが現実になる意外性です。CGを使って、ドラゴンを出したり、空や宇宙を自由に飛びまわるように見えるようにしたりするなど、現実ではあり得ない表現を付け加えることも、ワクワクにつながっているのだと思います。

　そもそも私たちは物を見たときにどういう仕組みで立体感を感じているのでしょうか。この感覚はすべて「視差」によるものです。視差には３つあります。

　１つ目は、両目で見ることによる視差（片目ずつ交互に目を閉じると景色がずれて見える）、２つ目は、レンズが遠近の焦点を合わせることによる視差（近くを見ていると遠くはぼやけて見える）、３つ目は、体や物が動くことによる視差（近くの物は大きく動いて、遠くは小さく動く）です。

　これらはいずれも立体的に見えるための重要な目の働きです。片目でも両目でも立体的に見える仕組みがあることで、距離感を感じることができます。そのため飛んできたボールをうまくキャッチできるし、お箸を使って豆をつかむこともできます。

　例えば、両目で見ながら横方向にスライドするように体を動かすと、これら３つの視差の仕組みが同時に組み合わさるので、ものすごく立体感が増します。私の好きな方法は、車の助手席に座っているときに、交差点をゆっく

りと通過しながら横の道を見ることです。道にある車や人がとても立体的に感じます。どんな風に見えるのか気になったら一度試してみてください。

さて、アトラクションのような特殊なメガネをかけずに、タブレット端末などに表示されているものを見て、立体感を感じるためにはどうすればよいのでしょうか。タブレット端末の画面は平面なので、１つ目と２つ目の視差は使えません。両目で見ても片目で見ても画面の表示に変化がないからです。

それを解決するのがAR（＝Augmented Reality）の技術です。ARは、日本語で「拡張現実」といって、現実の世界にはないものを、あたかもそこにあるように見せる技術のことです。白と黒の模様だけでWebページに飛んでいく２次元コードも１つの例ですが、ARといえば、ゲームのキャラクターが現実世界の中で立体的に出てくる場面をイメージする人が多いと思います。

ARは、先ほど述べた３つ目の体や物を動かすことによる視差を利用して、コンテンツを立体的に見せています。タブレット端末でAR表示する場合、ARコンテンツの位置を空間上に固定できます。例えば、タブレット端末を持って移動しても、そのコンテンツは机上の置いた場所から動かないので、近づくとコンテンツは大きく動き、遠く離れると小さく動くという視差ができます。さらにいろいろな角度から見ることも合わさって、より一層立体感を感じます。

このようにARを活用することによって、タブレット端末のような平面的な画面でも、立体的に見ることができます。

➕ 夢中になることがすべてのスタート

さて、授業でのAR活用について話をする前にちょっと寄り道をして、AR活用の目的につながる、「夢中になる」ことについて話をします。

「夢中になる」は、英語でEngagementと言い、時間を忘れて積極的に関わるという意味を表します。みなさんは最近何か夢中になっていることはありますか。友達とテニスを楽しんでいる人や、キャンプの道具を揃えて毎週

> みなさんは最近何かに
> 夢中になっていますか？

成長を感じる
振り返り

試行錯誤する
自己調整

続けられる
粘り強さ

興味がある
主体的な学び

Yanoteaチャンネル

図1-1 夢中になるとは？

末ワクワクしている人、料理に凝っている人などがいるかもしれません。
　夢中になっている時間はとても楽しいもので、ずっとやっていたいと思うでしょう。何かのきっかけでそのことに興味を持ち始めて、ちょっと試したら楽しかったといったこともあったでしょう。だから多少うまくいかないことや困難があっても、一度きりでは終わらず継続することができます。そのうちに段々と欲が出てきて、もっとうまくなろう、もっとよくしようなどと工夫を凝らして試行錯誤をします。その結果、始めたときよりもうまくなった自分を振り返って、成長を感じることがあるのではないでしょうか。

　私は今、理科の観察・実験ムービーをYouTubeにアップすることに夢中になっています。このムービーは、授業中に実験手順を説明したり、実験後に結果をみんなで振り返ったり、当日欠席した生徒があとから見て学習したりするために制作しています。
　制作を始めた頃は少し長かったムービーも、今は授業で扱いやすいように、5分以内に短くまとめることを意識しています。音楽を付けると見やすくなると生徒が教えてくれたことも取り入れ、音楽も付けるようにしました。ムービーの編集作業にかかる時間も短くなりました。初めと比べて随分成長し

たと感じます。

この流れを整理すると、**図1-1**のようになります。興味を持って取り組むのは「主体的な学び」、続けられるのは「粘り強さ」、試行錯誤するのは「自己調整」、成長を感じるのは「振り返り」をするからです。

生徒を夢中にさせることができれば、自ら学び自ら成長することにつながると考えています。一人ひとりが何に興味を示すかは様々です。私は興味を湧かせるためにいろいろなきっかけを用意して、生徒がワクワクして夢中になれるような授業をしていきたいと考えています。

では、どのようにすれば、生徒が夢中になるのでしょうか。教師の豊かな話術がきっかけになることもあります。ノートにメモを取りながら、引き込まれるような話を聞いているうちに、興味を持って自ら学ぶようになるかもしれません。

理科の場合、基本的には生徒が実物に触れて、自分の目で観察・実験することを通して、自分なりの気付きから不思議や疑問を湧かせ、それを解決しようとする授業を行います。それが理科の授業の醍醐味です。特に自分なりの不思議や疑問を持つことができるかが、夢中になれるかどうかのポイントです。

例えば、動物の体のつくりについて学ぶ授業でイモリを扱ったとしましょう。単純にホワイトボードに大きな図を貼って見せて、イモリの雌雄の特徴の違いを表にまとめて理解させる授業もできます。でも、実際に水槽の中の雌雄2匹のイモリを観察すると、いろいろな気付きがあります。尾の太さやひれの形が違うなど、体のつくりの違いを見て、不思議に思うことがたくさん生まれてきます。生徒自らが気付いたことを共有していく授業の方がより興味深く、学びは遥かに多いです。

ただ、じっくりと観察できるようにたくさんのイモリをつかまえてくることは、少し難しい場合があります。

そんなときこそ、ICTの出番です。雌雄の違いがわかるように撮影したいくつかの写真があれば、それぞれのタブレット端末で生徒が自分で拡大しながら特徴を調べることができて、ある程度実物の代わりになる授業をするこ

とはできます。

でも、もっとICT機器の強みを活かした授業はできないのでしょうか。

それがARを使った授業です。3Dスキャンしたイモリがあれば、イモリに近づいて見たい方向から観察することができます。

➕ ARはどんな場面で活用できるか

図1-2に理科の授業の一般的な流れをまとめました。先ほどもお話ししましたが、理科の授業の基本は、観察や実験です。観察をするから不思議が出てきます。不思議に思えたことがあれば、もっとよく観察したくなります。

例えば、ヤモリが壁にくっついているのを見つけたとしましょう。なぜ落ちてこないのかと不思議に思います。そうすると、脚の指に私たち

1	観察する
2	不思議に思う
3	もっとよく観察する
4	考える
5	考えをシェアする
6	再考する
7	まとめる

図1-2 理科の授業の流れの例

とは違う構造があるのではないかと予想を立てて、じっくりと観察します。家庭の場合ではここで終わるかもしれませんが、学校の場合は、ルーペや虫眼鏡で観察したり、わからないことをWebで調べたりします。そこで得られた情報から自分の考えを整理します。わかったことは、誰かに話したくなります。考えを話し合ったあともう一度考え直してまとめます。これが、一般的な理科の授業の流れです。

ARが授業で活躍する場面は、「もっとよく観察する」「考える」「考えをシェアする」ところです。実物を使った観察・実験を補う形でARを活用したり、じっくりと考えるサポートとして活用したり、実物では表現しきれないことを表現したりすることができます。

生物実験の解剖のように一度しか観察できない場合でも、ARコンテンツだと何度でも繰り返して、しかも時間を問わず、いつでもどれだけ長い時間

でも観察することができます。実際の実験をする前に目を慣らすことにも活用できます。家に帰ってからもじっくりと観察をすることができます。このように、ARを使うとこれまでになかった学び方ができます。

ARの良さの1つは、立体的に観察できることです。自然の事物・現象は立体的なのに、教科書や資料集では平面的な図に表して解説しています。生徒は平面的な図を見て、頭の中で立体的に捉えて理解します。つまり、3次元（自然の事物・現象）→2次元（図）→3次元（頭の中での理解）と2回も頭の中で変換します。

この変換が大変なのです。変換ができないと内容を理解することができません。例えば、立体的な地層について学ぶとき、教科書では等高線を平面図として表して、それを頭の中で立体的に解釈する必要があります。そこで、立体的に観察できるARの大きな強みを使った授業が考えられます。地層を立体的にAR表示して観察することで、3次元（自然の事物・現象）→3次元（AR表示）→3次元（頭の中での理解）のようになります。このように次元を変換せずに3次元としてそのまま観察できるので、大変わかりやすいのです。

少し話は飛びますが、3Dスキャンを使ったモデリングは立体的な構造の理解を助けるだけでなく、立体物の構造をデータとして保存するという役割でも活躍しています。例えば、海底に沈んだ船や山に埋もれた遺跡や、昔からの建造物は年月が経つと劣化してしまいます。それらを様々な方向からたくさんの写真を撮影し、コンピュータ処理をして3Dスキャンデータとして保存することで、いつでも観察できるようにする研究もなされています。これをフォトグラメトリー（Photogrammetry）と言うそうです。

⊕ ARを授業で活用する利点

授業でARを活用する利点は7つあります（**図1-3**）。まず、実物では小さくて観察しにくいものでも、大きさや視点を変えてじっくり何度でも観察することができます。

例えば、空気の中には窒素や酸素ガスがあることは知っていても、見るこ

とはできません。それは、原子がとても小さいからです。何も見えませんが、手で空気をあおいでみると、風が来るのでなんとなく存在は感じます。原子を1億倍に拡大すると、ちょうど2センチくらいの大きさになります。発泡スチロール球で作成すると、実際に手に乗せて、大きさを実感できます。

- **拡大や縮小**ができる
- **視点**を変えられる
- **いつでも何度**でも観察できる
- 現実と重ねて**大きさを実感**できる
- 見えないものを**可視化する**
- **立体的な構造や動き**を観察できる
- 考えを**立体的に表現**できる

図1-3 ARの活用の7つの利点

　ここでARを使って再現することもできます（図1-4）。このARコンテンツは触れる感触はありませんが、身近なものの近くでAR表示をすることで存在を想像することができます。例えば、校内にあるものと並べてスクショして、実物とのコラボ写真を撮る活動をします。生徒たちは楽しそうに活動しながら、原子の存在を感じます。

　原子以外にも、学校の中庭に宇宙探査船を表示して、写真では把握できない大きさの感覚を得ることができます（図1-5）。他にも、大きさのイメージが湧きにくい埴輪のようなものを、現実にあるものと比べることで、その大きさを実感できます。

　また、普通なら見えないものを可視化することもできます。例えば、磁石のN極とS極はくっつこうとしますが、N極とN極は反発します。磁力線は見えませんが、何かモワモワしたものを感じます。実験では棒磁石の周りに鉄

図1-4 1億倍に拡大したAR原子モデル

図1-5 校舎内に宇宙探査船が出現

粉をまいて、鉄粉の様子から磁力線の様子を観察します。しかしこの方法では、平面的にしか磁力線の存在を理解することができません。液体の中に磁石を入れる特殊な実験道具を使えば、立体的に磁力線があるように見えますが、その道具は高価なため、全員が手に取ってじっくりと観察するのは少し難しいです。こうした場面でARを活用すると、手軽に立体的に磁力線を観察することができます。

さて、授業で使用するARコンテンツの利用方法については、2つに分けられます。1つ目は、教師や業者が制作したものを「使う（Use）」こと、2つ目は、生徒がコンテンツを「制作する（Create）」ことです。できたものを使って学ぶだけではなく、自分の考えを表現する1つの方法として、ARコンテンツをつくってほしいと考えています。

⊕ UserからCreatorへ

次頁の**図1-6**は、生徒にタブレット端末をどう活用してほしいかを表した概念図です。1つずつ解説していきます。

「Level1 広がり」は、既存の学習ツールと置き換えることができるという段階です。例えば、数学の練習問題をプリント配布していた形から、タブレット端末に配信して問題を解く形にするという事例です。これは配布する手間を省略できて、とても便利ですが、従来のプリントでもできる学習方法です。

次に「Level2 深まり」は、タブレット端末でしかできない使い方ができる段階です。例えば、植物の気孔の数を調べるとき、タブレット端末で写真撮影するという事例です。みなさんは、植物の気孔がどこにあるかご存知ですか。葉の裏に多いとどこかで学んだと思います。しかし、実際はそうともかぎりません。

ハスのような水面に葉を広げる植物は、葉の表にしか気孔がありません。また、イネ科の植物のように葉が垂直方向に立っているものは、表と裏の両方に同じだけ気孔があります。さらに、バナナやナスなどの果実やサクラやバラなどの花にも気孔はあります。

図1-6 タブレット端末の活用ピラミッド

　授業では、単に多いとか少ないという印象よりも、気孔の数を調べて比較します。顕微鏡で観察して数える場合、どこを数えていたかややこしいです。しかし、タブレット端末で写真を撮影して、マークアップで印を付けながらだと数えやすいです。

　最後に「Level 3 創造」です。チームで協働して新しいものを創造できる段階です。例えば、ある地形のでき方をチームで考えて、コマ撮りムービーを制作するという事例です。

　和歌山県の最南端の串本町には、橋杭岩という景勝地があります。サメの歯のような巨岩が海面からたくさん飛び出しているところです。たくさん並んだ巨岩の近くには、小中の岩がごろごろと浜の方に向かって落ちています。

　今から約1500万年前に噴出したマグマが海底から突き出て冷えて固まり、巨岩ができました。そのあと南海トラフによる大地震によって大津波がやってきて、巨岩からボロボロと浜の方に岩がこぼれたと考えられています。このような過程を、生徒がチームで協働しながらタブレット端末を駆使し、コマ撮りムービーを制作しました。

　タブレット端末を活用して楽しむのが目的ではありません。活用によって

生徒たちに知識・技能や思考力、判断力、表現力等の非認知能力を高めようとすることが大切です。ARについても**図1-6**のピラミッドのように、立体的にものを見るだけではなく、生徒たちにとって新たな表現方法の1つとして活用してもらいたいです。

➕ ARを活用した授業による生徒の変化

天気図が立体的に見えますか？

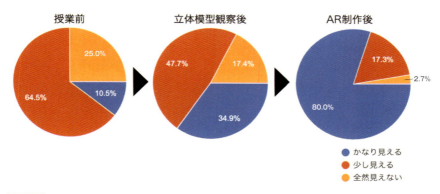

図1-7 天気図が立体的に見えるかのアンケート結果の変化

　ARコンテンツの制作に関して、生徒に見られた3つの事例を紹介します。
　1つ目は、気象の単元を通して、ARを活用した事例を紹介します。みなさんは天気図をご存知ですか。天気図とは、テレビの天気予報で出てくる、たくさんの線が描かれていて、高気圧や低気圧や前線があるものです。読み取り方については気象の授業で扱います。天気図は一見すると、山の等高線のようにも見えます。授業前に実施した「天気図が立体的に見えるか」に関するアンケートでは、25%の生徒はまったく立体的に見えず、多くの生徒も特にはっきりと立体的には見えていませんでした（**図1-7**）。
　そこで、段ボールでつくった立体模型をじっくり観察しました。高気圧の部分は山のように高く、低気圧の部分は谷のように低くつくりました。その

模型を見せた後、アンケートをとると、立体的に見えると回答した生徒がかなり増えましたが、17%は依然として立体的に「全然見えない」と答えていました。そもそも、なぜ天気図を立体的に捉えてほしいのかというと、風の吹き方と気圧配置には密接な関係があるため、立体的に捉えることができれば、どのように風が吹くかが理解しやすくなるからです。

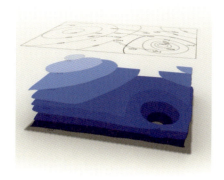

図1-8 ARで気圧配置図を制作

　ここでARの登場です。20分ほどかけて、生徒がARで気圧配置図を制作しました。Keynoteで等圧線をトレースして色塗りして、気圧10hPaごとに9枚の図を描きました。そして、Reality Composerで9枚の図を少しずつずらしながら重ねて、ARコンテンツを完成させました（**図1-8**）。これを見ると、山の等高線のように、気圧の高低差がはっきりと観察できます。AR制作後は、天気図が立体的に「かなり見える」生徒が80%に増え、立体的に「全然見えない」生徒はほとんどいなくなりました。これで、高所から低所へと移動する水の流れのように、風が吹く仕組みについての理解へとつなげることができます。

　ARコンテンツをつくるには、少し時間がかかります。その時間を無駄だと捉えるのか、そうではなく「知識が染み込むための必要な時間」と捉えるかは授業者の考え方に大きく左右されます。私は、じっくりと生徒自身でARコンテンツをつくることによって、じわじわと染み込みながら内容の理解ができると考えています。そのため、私はじっくりと時間をかけてでも、理解してもらいたいと考えています。気象の単元でARを活用した事例に関して、もっと詳しく知りたい方は、第37回東書教育賞のWebページをご覧ください。私が優秀賞（中学校部門で日本一）に選出されたときの論文がご覧になれます。

https://ten.tokyo-shoseki.co.jp/contest/tkyoiku/no37/yano.pdf

２つ目の事例を紹介します。私の勤務している学校では、毎年体育祭が行われます。３年生が考えたダンスを１、２年生が覚えて踊ります。細かな振り付けに関しては、毎年紙に描かれた図を見ながら先輩たちが説明をして、隊形移動を説明します。振り付けに関しては、最近はiPadでダンスムービーを撮影して、後輩たちがそれを見ながら自宅で練習します。体育館で全員揃って振り付けの練習が繰り返され、完成度が高まります。

ただ、隊形移動に関しては、３年生がイメージしたものを伝えるのが難しいようです。それはビデオだといろいろな方向からの視点で撮影しづらいからです。あるとき、午前中の全体練習で、思ったように隊形移動の練習ができませんでした。それに気付いたある３年生の男の子は、iPadアプリ「Reality Composer」「iMovie」を使って、たくさんの人がどのように隊形移動すればよいのかを解説する立体的なアニメーションムービーを制作しました。

完成度は非常に高く、微妙な隊形移動の速さ、いろいろな視点から見た動きについてもそのムービーを見ればわかります。そのムービーをすぐに１、２年生に配信しました。このムービーは昼休み中という、かなり短い時間で制作したそうです。

彼がこのような素晴らしいコンテンツを制作できたのは、３年生という責任感が原動力になっただけではなく、彼自身がARコンテンツ制作に関して普段から興味があり、ロボットや船や車などを「夢中」になってつくり続けていたからだと思います。理科の授業でしかこのアプリの使い方は紹介していませんが、彼が夢中になったからこそ、このような高いスキルを身に付けることができました。夢中になるということの重要性を改めて感じる事例です。

３つ目の事例を紹介します。国連が進めているSDGs（＝Sustainable Development Goals）に関する総合的な学習の時間で、２年生のチームが、買い物のレジ袋の削減に関して自分たちなりに何ができるのかを考えていました。そこで、使いやすくてこれまでにないエコバッグを開発しようと計画しました。グループで絵を描きながら、どのような構造であればよいのかを話し合っていました。紙や布などで模型をつくる代わりに、ある生徒は変形

できる構造のエコバッグを思いつきました。その生徒は、Reality Composerを使って、立体的な模型をiPad上でつくり、グループのみんなに説明していました。

自分の考えたイメージを伝える手段としては、「言葉で話す」「文字を書く」「絵を描く」などが考えられますが、このようにARは、新たな表現の1つになり得ます。

以前、自分が他の人に説明するとき、どの表現方法だと伝えやすいかについて、生徒たちに聞いてみたことがあります。絵を描いて説明した方がしやすいという答えが返ってきました。逆にどのような方法であれば説明を理解しやすいかと問うと、これも絵を描いて説明してもらった方が自分はわかりやすいという答えでした。

最終的にレポートの形式にしたがって字で書いてまとめるというトレーニングを積む必要はありますが、内容の理解という点においては、説明のしやすさや理解のしやすさに、ビジュアルを積極的に用いることも必要だろうと思っています。さらに、「ARで立体構造物を創る」ということも新たな表現手段の1つになりうると思います。

生徒には、選択肢をたくさん用意して、自分の個性に合う方法を自分で選択できるようにしたいです。個別最適な授業を展開する上でも重要な視点だと思っています。

⊕ PBLの成果物の紹介

表現方法の1つとしてARを取り入れたデジタル図鑑制作の事例を紹介します。PBL（＝Project Based Learning）という学習方法で、中学2年と3年の理科においてデジタル図鑑を制作しました。制作期間はそれぞれ2ヶ月ほどで、毎授業の10分程度の短時間でコツコツ続けました。PBLは、授業者が知識や技能を一方的に教授する学習方法とは異なり、学習者自らが課題を見つけ、仲間と協働して解決に向かっていく過程で、教科の知識や技能だけでなく非認知能力を身に付ける学習方法です。今回のPBLのゴールは、みんなにわかりやすいデジタル図鑑をつくることでした。ルールはとてもシンプ

ルで、チームごとにテーマを選択すること、ページは3ページ以内、ショートムービーを挿入することでした。ムービー制作については、やりやすい方法を相談して選択しました。具体的には、色画用紙や小麦粉粘土でつくったものを少しずつ動かすコマ撮りの手法のムービー、手書きのアニメーションムービー、プログラミングで制作したムービー、ARコンテンツと現実世界をコラボさせたムービーなどです。生徒たちのアイデアを活かした様々なムービーが制作されました。以下が彼らの作品です。ぜひともご覧ください。

めちゃわかりやすい人体のしくみ図鑑（2022）
http://books.apple.com/jp/book/id6445767281

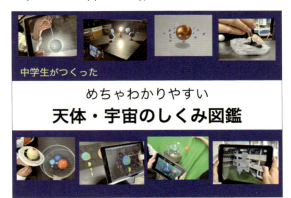

めちゃわかりやすい天体・宇宙のしくみ図鑑（2023）
http://books.apple.com/jp/book/id6473284798

第2章
ARを授業で活用するときのポイント

⊕ 活用の段階を意識する

ARを活用するスキルを高めるには、5つの段階を意識します。

図2-1 AR活用の段階

　ARを「楽しいね」「不思議だね」というだけの単発的なもので終わらせないためにも、学習内容と関連付けた活用をする必要があります。まずは、ARが学習のために使えるという感覚を持ってもらいます。さらに、ユーザーの体験だけではなく、自らつくる体験を通して、ARが自己表現の方法の1つとなっていきます。

　いきなり自分がイメージしたものをARコンテンツで表現するのは難しいです。まずはARがどんなものか知るための簡単な体験をします。ここで難しいと思ってしまうと、次につながりにくくなります。そのため、初めての体験では、生徒が時間や手間をかけずに手軽にARコンテンツを見ることができるよう準備しておきます。そうすることで、ワクワク感を保ったまま学びにつなげられます。何度か体験すると、生徒はARでどのようなことができそうなのかがつかめてきます。そうなったら、実際に自分でARコンテンツをつくって楽しみます。制作するのに慣れてきたら、今度は簡単なアニメーションを付けていきます。自動で動くアニメーションや画面をタップすることで動くインタラクティブなアニメーションができるようになると、生徒はとても喜びます。教師が用意したパーツを組み合わせて、複雑なコンテン

ツをつくれるようになると、ようやく自分でイメージしたものを制作できるスキルが身に付いたといえます。

　AR活用の活動時間については、すべての授業時間を使うのではなく、10分や20分程度の短い時間がよいと思います。授業時間全部を使うと、ARの活用が目的になってしまい、本来の学びの深まりのための活用とはいえないからです。日頃の授業の進め方や板書などを工夫することで、10分は捻出できるのではないかと思います。

　それでは、AR活用の5つの段階を詳しく解説します。

⊕ 体験してみる

　まずは、ユーザーの体験です。教師がタブレット端末の画面をプロジェクターや大型モニタに映して、AR表示する方法を実演します。生徒たちは、ARに対するイメージをつかむと同時に、タブレット端末の操作方法を学ぶことができます。これだけでも生徒たちは喜びますが、加えてすぐに自分でもやってみたいという声が上がると思います。そのタイミングで、教師が実演した方法でＡＲ表示に取り組ませます。一人で取り組んでもよいですが、初めはできるだけペア活動として設定し、操作方法をお互いに教え合う形にすると生徒たちの不安感が減り、教師に助けを求める声も少なくなります。

　この活動で、ARはとても簡単に扱えるものということを味わってもらいます。写真のような2次元のものとは違い、3次元的な豊富な情報が含まれていることを意識させ、いろいろな角度から観察できることを伝えます。

　例えば、花のつくりのARコンテンツをじっくり観察して、気付いたことをペアで交流します。このとき、画面上のボタンをタップするとアニメーションが見えるなど、インタラクティブ性の高いコンテンツを使うとより楽しく学ぶことができます。私は実物の観察のときのAR活用のタイミングとして、教科書等を活用した事前学習や実物の観察のあとに、おさらいとして活用することが多いです。一方で、ARで立体的な観察方法を学んでから植物の観察を行うと、どこを観察したらよいのかがわかってきます。授業者が何を大切にするかで、AR活用のタイミングを選択してもよいかもしれません

（**表2-1**参考）。

表2-1 実物の観察におけるARを活用する2つのタイミング
タイミング1 　事前学習　→　実物の観察　→　**ARでおさらい** タイミング2 　事前学習　→　**ARで観察の視点をつかむ**　→　実物の観察

　さて、生徒にARコンテンツを渡す方法は3つあります。いずれの場合も、生徒が自由にARコンテンツを取り出して利用できることを前提としています。

　1つ目は2次元コードを使ってカメラで読み込む方法です。準備としては、Padletなどのオンライン掲示板サービスやiCloud Driveなどのクラウドドライブにコンテンツを置き、それぞれのURLを取得して、2次元コードに変換したものを配付します。本書は、この方法を利用しています。自分の学校の生徒だけではなく、一般の人にコンテンツを公開する場合も2次元コードを活用しています。

　2つ目はロイロノート・スクールなどのLMSサービスで配信する方法です。ロイロノートの場合であれば、資料箱にコンテンツを入れておいて、生徒自身でダウンロードして利用します。授業でARを活用するのなら、こちらの方法がとても便利です。

　3つ目は、SketchfabのWebページなどに無償で提供されているコンテンツをダウンロードする方法です。例えばアンモナイトの化石や動物の骨格標本、植物標本などの3Dスキャンしたものをじっくりと観察できます。世界中の人が制作したARコンテンツを利用する場合は、こちらの方法です。

➕ ちょっとつくってみる

　AR表示することに慣れてきたら、きっと自分で制作してみたいという気持ちが高まってくるでしょう。クリエーターの体験です。いきなり手の込ん

だものをつくり始めると、最後までできずに途中で諦めてしまうかもしれないので、とにかくぱっとつくって、ぱっと見ることができるようなライトなARコンテンツをつくります。

ARコンテンツ制作の初めのハードルは「空間認識」です。両目でタブレットの画面

図2-2 AR動物の例

を見ていたとしても立体的な奥行きを感じません。タブレット端末の画面に2次元の絵を描くことは簡単ですが、3次元の空間に立体のコンテンツを置いていくのは、ちょっとしたコツが必要です。

例えば、立方体の上に球体をぴったりと置いたり、空中を移動させたりすることに関しては、生徒は難しさを感じてしまいます。うまく置けたと思っても、違う角度から見ると、空中に浮かんでしまっていることがよくあります。いろんな方向から視点を変えながら動かす必要があります。これには慣れが必要です。マインクラフトのようなゲームをしたことがある生徒にとっては、意外に簡単に思えるかもしれません。そのような場合には、教師役になってもらい、苦戦する生徒を教えてもらうようにしたらよいと思います。空間認識能力はだんだんと身に付いてくるので、慌てさせないのが重要です。少しずつ慣れていきます。

ARコンテンツ制作の練習方法としておすすめなのは、AR動物の制作です。第4章で詳しく紹介しますが、動物のイラストを見ながら、立方体や球体などを組み合わせて、さらに色も変えながらつくる活動は生徒が喜びます。夢中になれる時間を少し多めに取りましょう。20分もあればオリジナルの作品ができると思います。作品ができたらみんなで共有しましょう。

学校の自由な場所に飛び出して、実物の景色や建物、遊具、文房具などの近くでAR表示をして、スクショしてコラボ写真を撮ってくる課題を出すと楽しく取り組むことができます。撮ってきた写真をみんなで見合い、何の動

物か、どうしてその場所で写真を撮ったのかなどをクラスで共有すると楽しい授業になります。こうした楽しいという感覚が、のちのちの創作意欲を湧かせるためには非常に重要になってきます。

　一から全部つくるのもよいですが、アプリにすでに用意されているコンテンツを空間上に配置して街をつくることなどもできます。あっという間に完成度の高い街ができると思います。

⊕ アニメーションを付けてみる

　動物などの静止している立体構造物は、回数を重ねるにつれ生徒自身で制作できるようになります。そこでさらに、そのコンテンツにアニメーションを加えることができるようになると、一段とリッチなコンテンツに進化します。例えば、アニメーションとは、上空から雪が降ってきたり、海陸風が吹いたりするものです。

図2-3　雪が降ってくる街

　さらにアニメーションには、インタラクティブな要素を取り入れることもできます。インタラクティブとは、見ている本人がアニメーションに関与することです。例えば、ボールが飛んできたら、ボタンを押してバットを振る動作を発生させるようなことを指します。単純に見るだけのAR活用ではなく、生徒による操作が必要になるとゲーム性が出てきます。ゲーム性が出ると、生徒はとても夢中になります。ホームランを打つことができれば大はしゃぎです。

　このような生徒のスキルを一気に高める活動の場合は、生徒の発想を活かして試行錯誤できるように、少し長めの時間設定をしておくとよいと思います。どんどん夢中になっていきます。授業との関連性でいうと、低気圧と高

気圧の周辺の風の吹き方を立体的な動きで表現するというARアニメーションをつくると、教科書の図では理解しづらいような立体的な動きが理解できるようになります。ARの醍醐味の１つです。

iOSのReality Composerであれば、簡単にアニメーションを付けることができます。アニメーションを付けるには、プログラミング的な思考が必要です。プログラミングといっても、とても簡単なものです。①何をしたら（トリガー）②何をするか（ビヘイビア）という２つの工程を指定するだけです。詳しい制作の方法は第４章で解説します。

➕ パーツを組み合わせる

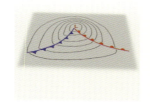
前線天気図パーツ

雲パーツ

寒気団パーツ

図2-4 組み合わせる前線と雲のパーツ

　指示した通りのコンテンツができるようになったら、コンテンツ制作の基礎は身に付いています。制作するスピードやスキルに関しては、生徒によってバラバラです。すぐにつくり上げられる生徒もいれば、じっくりとこだわりながら時間をかける生徒もいます。授業時間中に一から制作して、授業内容と本題に関わるところまでいくのは、少し難しいときがあります。

　また、iPadだけでは制作できないような複雑な表現を使いたいときもあります。そのようなときは、細かな作業をすでに済ませたパーツを教師側で制作しておき、生徒はそれらのパーツを配置して完成させることでかなりの時間短縮ができます。パーツを指定の位置に置くだけなので、それほど難しく

はありません。アニメーションを付けるとしても、少しの時間でできます。このとき、できれば全員が途中まで同じものをつくり、そこから自分らしいコンテンツを追加して工夫ができる余地を残しておきます。オリジナルのコンテンツとして完成するので生徒の満足度は高くなります。

　例えば、低気圧の移動によって天気の移り変わりを表現したアニメーション付きのARコンテンツを制作するとします。事前に雲や前線パーツを教師が制作しておきます。それらをダウンロードしてから、組み合わせて、西から東へと前線と雲が移動していくように、アニメーションを付けます。生徒それぞれのオリジナルの追加要素としては、彼らが撮影したいろいろな雲の写真を取り込んで、ARコンテンツの中に置くなどです。すべてを自分がつくるわけではありませんが、パーツを組み合わせて制作することで、手軽な割には、かなりリッチなコンテンツに仕上がり、生徒の満足度も高いです。

　実際の授業でパーツを配布して組み立てた例としては、虫眼鏡の実像と虚像ができる仕組みについて、光の進み方をARで表現して立体的に観察しました。特に透明な表現をするときには、Reality Composerではできないので、教師側で別のデバイスで制作して用意するしかありません。また、Keynoteで描いた絵をパーツとして利用して、ARで表示することもできます。気圧配置のコンテンツを制作するときに活用した方法です。詳しい制作の方法は後述します。

➕ イメージしたものを自分で制作する

　これまでは、教師が制作するものを提案することから始まりました。それを通して制作の基礎が身に付いたら、最終的には自分でイメージしたものの制作ができるようになります。ここまでに至るポイントは、生徒が少しでも自主

図2-5　ARでロボットを出現させる

的に制作をしていたら、素晴らしい点を見つけてしっかり褒めることです。

　イメージしたものを自分で制作する段階は、いろいろある表現方法の１つの方法として活用できる段階です。授業で活用しながら、自分の遊び心を満たすためのスキルも高まっているので、ここまでくると立派なクリエーターです。例えば、リアルサイズの戦艦やロボットなどをつくり始める生徒もいれば、スマートフォンの起動画面を忠実に再現する生徒も現れます。

　自由に絵を描くのと同じような感覚で遊びを続けていくうちに、自分でイメージしたものを相手に伝わりやすい形に表現して、役立てることができるようになります。紙に描いて平面的に説明するのでは伝わりづらい場合は立体的な構造物をつくることで、相手にもイメージが伝わりやすくなります。先述した、体育祭でのアニメーションムービーやエコバッグの制作など、立体的な動きや構造を伝えるための表現方法の１つとしてAR制作のスキルが役に立ちます。

　ARコンテンツを制作するには、時間がかかります。この時間を教師がどう捉えるかは大事な問題です。もちろんARを使わなくてもわかりやすいように説明するだけで内容の理解はできます。しかし、時間をかけて丁寧に制作しているうちに染み込んでいく理解というものがあります。自由な発想で表現するように言葉がけをしていきたいものです。

　最後に、ARを活用する上で大切なことをまとめます。
・初めて触れるときには、スムーズに見られるように準備をしておく
・触れる機会を多く設定し、普段の教材扱いにする
・ARだからこそ学べることは何かを意識する
・学習内容と関連付けて、そこからの学びを大切にする
・立体的な構造や動きの理解に役立てる
・制作に時間はかかるものの、染み込む理解が付随してくることを意識する
・AR制作は表現の一部であり、制作が難しいと生徒が感じたら無理をさせる必要はない
・自由に制作したものはきっと教師に見せてくるので、しっかりと褒める

授業での活用31事例

花のつくり

花のつくりの名称を確認している

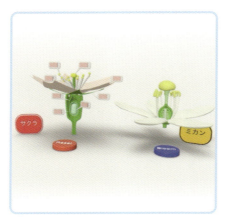

AR花のつくり

ARコンテンツの解説

サクラとミカンの花のつくりを再現しています。制作にはQuest2のアプリGravity Sketchを使いました。手前のボタンをタップすると、花弁が開き中の様子が見えます。また、つくりの名称がそれぞれ隠してあり、カードをタップすると名称が現れます。

授業の概要

　花のつくりの名称やはたらきについて学習します。ピンセットを使いながらツツジやアブラナなどの花を解剖して、花のつくりを観察します。特に、めしべやおしべの特徴、花弁の数、子房の中にある胚珠を調べます。これらの観察を通して植物を比べることで、花のつくりに共通していることや異なることを整理します。

AR活用場面

　花のつくりの名称やはたらきについて学習して、実物の植物を観察した後、ARコンテンツをいろいろな角度から観察します。生徒たちは、まず自分のタブレット端末の画面でボタンを押して、ミカンの花を咲かせて楽しみます。ARの花の部位に近づくと、名称を隠していた板が透明になり、花のつくりの名称が表示され、覚えているのかを確かめることもできます。名称の確認の他に、サクラとミカンの花のつくりの違いも観察します。同じ双子葉類ですが、種類によって花弁が付く子房の位置が様々であることに気付きます。

生徒の様子

　今回、初めてARに触れました。画面上に立体のコンテンツが現れると、とてもびっくりしながらも楽しそうに観察していました。ARで表示して、学習した花のつくりの名称が覚えられているかを試していました。

　また、花のつくりを体験したあと、Reality Composerを使って簡単なオブジェクトを作成し、空間に浮かべる練習をしました。自分の発想を活かしてつくり、作品を生徒同士で見せ合っていました。

> 四方山話　うまくいかないときは、他に何か新しいことはできないかと考える。

双子葉類と単子葉類の違い

中学1年

双子葉類と単子葉類の違いを観察している

AR双子葉類と単子葉類

ARコンテンツの解説

左にヒマワリ（双子葉類）、右にトウモロコシ（単子葉類）が出現します。それぞれの葉脈や根のつくりの違いがわかるようになっています。制作にはQuest2のアプリGravity SketchとReality Composerを使いました。

授業の概要

　みなさんは植物を見たときに何の仲間か言えますか。植物を見分けるには、いろいろな植物の特徴をある程度知っておく必要があります。花弁の形や色はわかりやすい特徴です。ただ、花が咲いている時期は限られているので、葉の形や葉脈の様子も大切な情報となります。根から吸収した水や養分が通る道管と、葉で光合成によってつくられた養分が通る師管を、合わせて維管束といいます。葉を通る維管束を特に葉脈といいます。双子葉類と単子葉類の葉脈の様子はそれぞれ網状脈と平行脈になっていて大きく違います。授業では、実際の植物の葉をルーペで観察して、双子葉類と単子葉類の葉脈の違いについて学びます。

AR活用場面

　双子葉類と単子葉類の植物をルーペで観察する前に、ARコンテンツを見て、２つの葉脈の特徴をつかみます。ARで観察しているときに画面のスクリーンショットを撮影して、どのような特徴が観察できたのか気付いたことを文章にして提出します。ARを先に見ておくことで、実物を観察する時に、双子葉類と単子葉類の葉脈の違いに気付きやすくなります。また、ARコンテンツをおさらいの場面で活用することもできます。観察の後日、実物がない状態での授業を進める時にも実物の代用として活用します。

生徒の様子

　ヒメジョオンとコバンソウの葉の違いをルーペなどで観察してから、おさらいとしてARを活用しました。ARによって植物が目の前で立体的に見えることに驚いていました。授業で学んだ２種類の違いについて気付いたことをペアで話し合いました。今回はじっくりと観察というよりも、さらりとおさらい用として使いました。

> **四方山話**　想いだけでは人は教えない。確かな技量が必要。

中学1年

凸レンズによる像

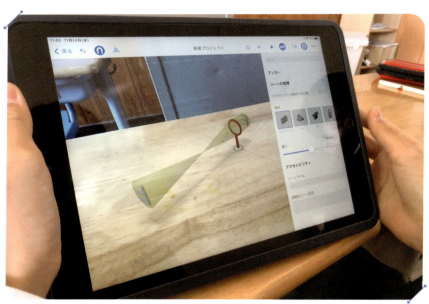

凸レンズの実像の向きを観察している

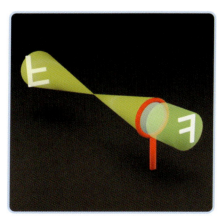

AR凸レンズ

ARコンテンツの解説

2つのパーツ（虫眼鏡パーツと光パーツ）を自分で組み立ててつくります。光パーツは、凸レンズで光が屈折して焦点を通る様子を表しています。この2つのパーツと自分で考えた文字（左図では、F）を2つ用意して、実物と実像の向きを意識しながら置きます。

授業の概要

　虫眼鏡は凸レンズを使った道具です。凸レンズの性質を学ぶために3つのことをします。1つは実験、2つは作図、3つは計算です。暗い教室の中で、ロウソクの火やタブレット端末の画面を光源として、離れたところに厚紙を置き、凸レンズの距離を変えて、くっきりと実像が見える位置を探します。Webアプリ「PhET」でシミュレーションして確かめます。定規を使った作図によって、像の位置や大きさを求めて、レンズを置いて本当にその位置に像ができるのか確かめます。他にも、像の位置や大きさを算出できることを学びます。ただ、この物体と像の向きや位置がどこでできるかは感覚的に捉えにくいのでARを使った体験も行います。

AR活用場面

　レンズを通る光の道筋を作図する場合、紙に直線を引きます。そのため本来は立体的な光の道筋なのに、平面的なものとして捉えがちです。ARの力を使って立体的なものを立体的に観察しました。今回は手軽にARコンテンツを制作できるように、教師が事前に作成しておいた2パーツ「虫眼鏡パーツ」「光パーツ」を配布して、生徒が組み合わせるだけにしました。時間にして約10分の制作でした。実像と虚像の2つのパターンを制作して、立体的に光の進み方を観察しました。

生徒の様子

　凸レンズの光の単元は、作図や計算があって難しいと感じる生徒が多いところです。しかし、ARで像の様子が簡単に観察できるので、物体と像との関係性が理解しやすいようでした。生徒へのアンケートによると、教科書に書いてある平面的な図よりも、「大変わかりやすかった」が34.4%、「わかりやすかった」が46.9%と好評でした。

四方山話 ブレーキのない車は危なすぎる。批判的な意見は冷静に耳を傾ける。

AR地形模型で火山の観察

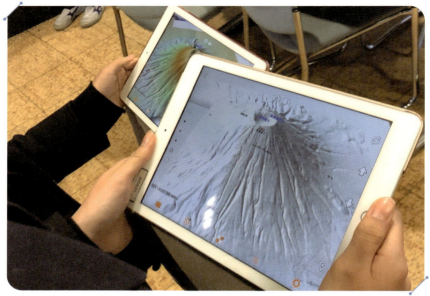

ARで富士山の噴火口を観察している

AR地形模型

ARコンテンツの解説

ARアプリ「地形模型」は、国土地理院の地図などを読み込んで3D表示ができます。左の写真は富士山です。AR表示ができるので、タブレット端末を近づけるだけで大きく見ることができます。特に山の起伏や凹凸が鮮明に観察できます。

授業の概要

火山の形は、二酸化ケイ素SiO$_2$が多いほど粘り気が強くなり、北海道の有珠山のように白くて盛り上がった形をします。逆に少ないほど粘り気が弱くなり、ハワイのキラウェアのような、黒くて平たい形になります。そのため、火山がどのような岩石でできているかを推測する手がかりとして、火山の形に注目します。授業では、Google Earthで火山の位置を確認して、スクリーンショットを撮り、火山の形や岩石の性質ごとに整理します。そして、アプリの「AR地形模型」を使って、興味のある火山を拡大表示して詳しく観察し、気付きをグループで共有します。また、岩石標本の結晶の様子を実際にルーペで観察してスケッチしたり、特徴を整理したりします。

AR活用場面

自分の興味のある火山を1つ選んで、教科書や資料集ではわかりづらい山の斜面やその火山の周囲の様子をARアプリで詳しく観察します。事前に整理して学習していた火山の特徴が表れているかについて、火山とその周辺の様子を見て、ペアになって気付きや感想を話します。また、ARアプリ「地形模型」を利用する以外にも、あらかじめ生徒に観察したい火山を選んでもらい、国土地理院のWebから直接3Dコンテンツをダウンロードして、別のアプリでUSDZ形式に変換し、生徒に配布してAR表示する方法もあります。

生徒の様子

図だと平面的にしか理解できませんが、ARでは立体的に観察できることで、図では表すことができない情報も発見していました。生徒は、何かを発見するとタブレット端末の画面を見せ合っていました。例えば、富士山の側面に昔の噴火口があることを初めて知った生徒もいました。

四方山話 ドリルは尖っているから穴を掘って進んでいける。

中学1年 地震による津波の被害の想定

津波による浸水被害の想定区域を観察

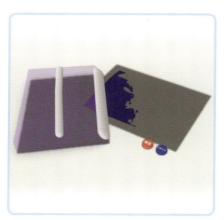

AR津波

ARコンテンツの解説

まず、机に広げた地図の海岸線に合わせて、ARコンテンツを置きます。そのあと、津波ボタンを押すと、陸地に向かって津波がやってきます。津波が去ったあと、浸水被害が出る地域に色が付きます。波は、Quest2のアプリGravity Sketch、それ以外の部分はReality Composerで制作。

授業の概要

　地震の単元では、P波（縦波）やS波（横波）という２種類の地震波の伝わり方や揺れ方の違いについて学習します。P波は振動が小さいものの速く伝わります（約６km/s）。S波は伝わるのに時間はかかる（約３km/s）ものの大きく振動します。海の地下が震源になると、地震のあとに大きな津波がくる可能性があります。各市町村の防災計画にはどのような地域にどの程度の浸水被害があるのかを想定したハザードマップが掲載されています。授業では、ゴムを使った地震波の実験や砂を使った液状化現象の実験とともに、地震による津波の被害について学び、防災や減災学習につなげます。

AR活用場面

　地震の単元が始まる前に生徒はCADアプリを使って、好きな家を設計します。それを3Dプリンタで印刷していろいろな実験で活用します。授業では、家の模型を市街地の大きな地図の上に置きます。自由に置くように指示しますが、だいたいは自宅付近に置きます。AR表示をしてから、タブレット端末の画面上の津波ボタンを押して、津波を発生させると、浸水被害が想定されている地域に色が付きます。どの地域がどのくらいの浸水の被害が想定されているのかを確認して、模型の家を置いた地域で避難する際の注意点など気づいたことを共有します。

生徒の様子

　ハザードマップの存在は知っているものの、じっくりと見たことがない生徒がほとんどでした。海から遠い山の裏側の平野でも、川を遡ってくる浸水被害があることを初めて知り、家族に伝えようと話していた生徒もいました。AR表示したハザードマップを見ることで、注意すべき点について自分事として考えていました。

> **四方山話**　判断力を高めるには、あとから結果を必ず振り返る。

原子の大きさを体験

手に1億倍に拡大した水素原子を置いている

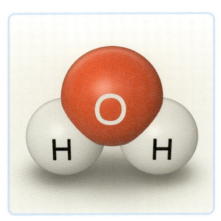

AR水分子

ARコンテンツの解説

左には水分子モデルを表示していますが、他にも二酸化炭素やアンモニア、塩化ナトリウムなど、よく耳にする物質をちょうど1億倍に拡大したコンテンツをたくさん用意して、生徒たちが自由にAR表示できるようにしました。

授業の概要

　空気には窒素が78%、酸素が21%あります。これらの気体は目に見えません。それは分子が1億分の1cmしかなく、とても小さいからです。ただ、小さいとは言え、自分の顔に向かって手で扇いでみると、分子がたくさん顔に当たり、風としてなんとなく存在を感じることができます。授業では、1億倍に拡大した発泡スチロール球の水分子の模型をペットボトルに入れ観察します。普段飲んでいる液体の水もコロコロ転がると存在感があります。さらに水分子のARコンテンツを配布してじっくりと観察することで、原子や分子をイメージできます。分子を粒子としてイメージすることができると、化学反応式を考えるときにとても役に立ちます。

AR活用場面

　1億倍に拡大したARコンテンツを使ってコラボ写真に挑戦です。気に入った分子モデルをダウンロードして、何かのものの近くに置いてコラボ写真を撮影します。例えば、手洗い場の蛇口の近くに水分子を置いたり、図書館へ行って本棚のところに二酸化炭素分子を置いたりします。実際のものの近くにARコンテンツを置くことで、大きさの比較がしやすくなるだけでなく、存在を意識することができます。うまくコラボ写真が撮影できたら、ロイロノートなどに提出して、みんなで写真を閲覧し、どういう工夫をしたかについて撮影者に紹介してもらいます。

生徒の様子

　どの分子を使うのかを考えたり、教室から出て、自由な場所で撮影したりすることも楽しそうでした。1億倍というとちょっと想像しにくい倍率ですが、実際のものの近くに置いて、大きさを比較することで、見えなくても存在していることが確認できていました。

四方山話　やり直しができるから、大胆なチャレンジができる。

中学2年 水の中にいる生き物の観察

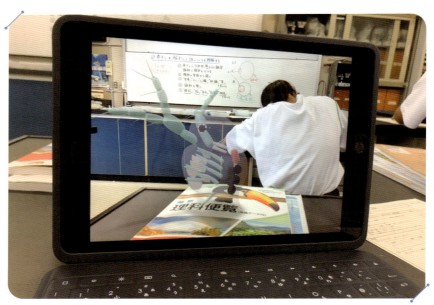

ARでミジンコを観察している

ARミジンコ

ARコンテンツの解説

透明なミジンコの体はQuest2で作成しました。そのあと、心臓が動くようにReality Composerでアニメーションをつけました。
ミジンコの目は1つしかないので、正面から見ると印象が変わると思います。

授業の概要

　池の水を顕微鏡で観察すると、一滴の水の中にもたくさんのプランクトンがいることに驚きます。プランクトンには、ミカヅキモなどの単細胞生物だけでなく、ミジンコなどの多細胞生物がいます。授業では、プランクトンの巧妙な体のつくりをじっくり観察します。このとき顕微鏡写真を撮影して、ロイロノートの共有ノートに貼り付けて、みんなでプランクトン図鑑を完成させることを目指します。また、煮干し（カタクチイワシ）の解剖も行い、魚の体のつくりを学びます。そのとき、胃の内容物を顕微鏡で観察して、イワシの食性を調べます。このことは、中学3年の食物連鎖の学習につながります。

AR活用場面

　単細胞生物と多細胞生物について学ぶ場面で、器官のはたらきの解説を聞きながら、ARミジンコを見ました。顕微鏡ではプランクトンをいろいろな方向から観察することが難しいので、ARの特性を活かして、ミジンコを様々な方向から観察しました。また、池の水のプランクトンの観察で、スライドガラスとカバーガラスに挟まれているミジンコをどの方向から顕微鏡で観察していたのか確認しました。

生徒の様子

　ミジンコの背中側に心臓があることや、眼が1つしかないことに驚いていました。多細胞生物なため、体が小さいのにもかかわらず、細かな器官が集まってできているからだの巧妙さにも驚いていました。また、池のプランクトン図鑑をみんなでつくる課題

では、他の生徒が見つけていない種類のプランクトンを探そうとして、必死に顕微鏡を覗いていたのが印象的でした。

> **四方山話** 教師の本分の1つは、子どもが力を発揮できているときに褒めること。

植物の維管束の観察

中学2年

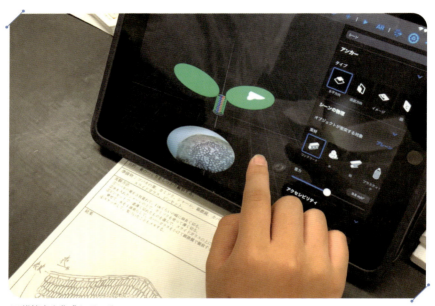

AR維管束を作成している

AR維管束

ARコンテンツの解説

アニメーション付きのコンテンツ。黄色の球が、道管（青色）を下から上へ、師管（赤色）を上から下へ移動するようにアニメーションを付けています。また、顕微鏡で撮影した茎や葉の断面写真を近くに置いて、実際のものと構造を見比べることができます。

授業の概要

　根から吸い上げた水や養分が通る道を道管、葉で光合成によってつくられた養分が通る道を師管、道管と師管を合わせて維管束といいます。維管束は根から茎、葉へとつながっています。維管束を持たない海藻やコケは水辺から離れることができませんが、維管束を持つ植物は乾いた陸上でも広範囲に生息地を広げることができます。授業では、維管束の働きやつくりについて学習します。茎の断面を見ると内側に道管、外側に師管がありますが、単子葉類と双子葉類で維管束の分布がまったく違います。葉の断面では、上部に道管、下部に師管があります。このような構造を理解したあと、実際に植物を観察します。双子葉類のヒメジョオンや単子葉類のアスパラガスの茎、さらにツバキの葉をカミソリで切り、断面を顕微鏡で観察してスケッチします。

AR活用場面

　教科書や資料集にある葉や茎の断面図を使って構造の解説をして、顕微鏡で観察します。そのあとARコンテンツを制作します。維管束が茎から葉へとどのようにつながっているのか、どのような物質の移動があるのかをアニメーション付きのARコンテンツで立体的に制作します。じっくりと時間をかけて制作することで構造や働きが理解できます。特に維管束の中を通る物質の動きを付けることで、働きも覚えやすくなります。また、顕微鏡での観察時に撮影した写真をARコンテンツ内に置いて、実際のものと比べます。

生徒の様子

　ARコンテンツにアニメーションを付けることに少し苦労していましたが、ペアで相談しながら完成させました。道管や師管の中の物質の移動の様子をいろいろな方向から何度も観察して、理解を深めていました。

> **四方山話**　偉そうにしているといつかしっぺ返しを食らう。

中学 2年

心臓のつくりと動き方の観察

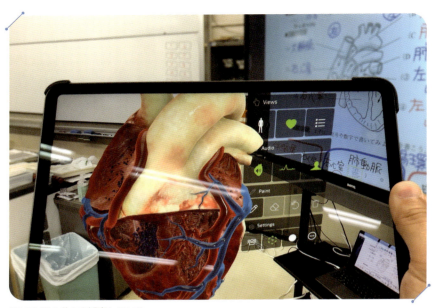

ARで心臓の動きを観察している

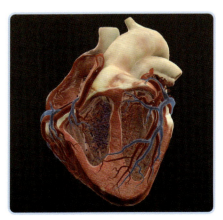

INSIGHT HEART

ARコンテンツの解説

iOSアプリ「INSIGHT HEART」は、心臓の断面や動脈血や静脈血の移動の様子を観察することができます。また、Apple Watchと連動することもできるので、授業者がもも上げをすると心臓が速く動き、生徒も喜びます。

授業の概要

　心臓は１分間に約60回拍動しています。内部は４つの部屋に分かれていて、心臓が動くことで、肺から来た酸素が豊富に含まれている血液（動脈血）を全身に送ったり、全身から戻ってきた血液（静脈血）を肺に送ったりしています。

　授業では、５つの脊椎動物（魚類、両生類、爬虫類、鳥類、哺乳類）の心臓の構造やはたらきを学習したあと、実際にニワトリや豚の心臓を解剖して、部屋のつくりや弁、動脈、静脈の様子を観察して、それぞれの特徴を確かめます。ニワトリの心臓については爪楊枝を使って、どの心室や心房がどの血管につながっているのかに注目して観察し、スケッチをします。

AR活用場面

　教科書や資料集には、心房や心室が縮んで血液が送り出される様子を４コマのイラストで掲載していることが多いです。ARコンテンツを使って、心臓が拍動する様子をアニメーションで観察します。４コマのイラストでは表現しにくい複雑な心臓の動きや血液が送り出されるタイミングなどについて注目します。これらの学習を済ませてから、実際にニワトリや豚の心臓を解剖すると、心室や心房の位置関係や動きがイメージしやすくなります。

生徒の様子

　ニワトリや豚の心臓の解剖は、初めは恐る恐る取り組んでいました。しかし、構造の巧妙さに気付くにつれて、刺した爪楊枝がどこの管から出てくるかを試して、真剣に観察していました。血液がないと心房は潰れていたり、右心室が意外と狭かったりするなど、イ

メージとは異なることに気付いていました。ARコンテンツを観察して、４コマのイラストのような単純な動きではないことに気付いていました。

　四方山話　自分の力を、自分のためか他人のために使うかは、自分次第。

肺のつくりと呼吸の仕組み

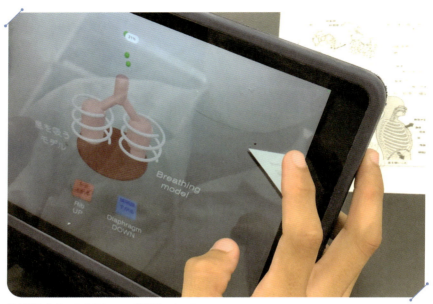

肺が膨らむ2つの方法について観察している

AR肺のつくり

ARコンテンツの解説

アニメーション付きのコンテンツ。赤色のボタンを押すと、肋骨が持ち上がり、肺が膨らみます。そのとき、小球が移動して空気の動きを再現します。青色を押すと、横隔膜が下がり、肺が膨らみます。2つのボタンを同時に押すと、肺がかなり大きく膨らむ様子が観察できます。

授業の概要

　焼肉屋で「はらみ」を注文したことはあるでしょうか。腹の身ではありません。この部位の正式名称は横隔膜という肺を膨らませたり縮ませたりするときに役立つ筋肉です。肺は大きな袋のような印象がありますが、小さな肺胞という袋が数億個あり、それぞれを毛細血管が取り囲んでいて、酸素や二酸化炭素などの気体が交換されます。授業では、息を吐いたり吸ったりできる仕組みについて学びます。呼吸方法には２種類あり、腹式呼吸と胸式呼吸です。前者が横隔膜を上下させることで呼吸する方法、後者が肋骨の間の筋肉を使って肋骨を上下させる方法です。解剖用の豚の肺を、空気入れを使ってどのように膨らむのかを確かめる実験をします。シリコンゴムを注入して製作したプラスチック標本で気管支や肺胞を観察します。

AR活用場面

　教科書や資料集の図で、肺が膨らんだり縮んだりする仕組みを学びます。続いて、ARの「肺のつくり」を使って、腹式呼吸と胸式呼吸をするときの肺の動きと空気の動きをそれぞれ確認します。また、iPadアプリ「ヒューマン・アナトミー・アトラス」を使って、心臓と肺と横隔膜の位置関係を理解するために立体的にいろいろな方向から観察します。そのときに、肺が心臓にとても近い位置関係にあることや、横隔膜の大きさに注目します。

生徒の様子

　肺のつくりや仕組みを学んだ後、肺のプラスチック標本を手で触り、気管支や肺胞の多さ、初めて触れる感覚に驚いていました。教科書や資料集の図で学んではいるものの、ARコンテンツを使って、どのような動きによって肺で呼吸ができるのかを観察して納得している様子でした。

四方山話　上を作り、下を作りではなく、横に広がることを大切に。

腕の曲げ伸ばし

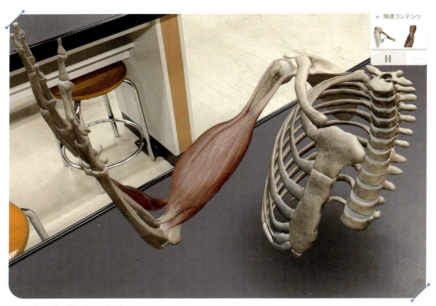

ARで腕の曲げ伸ばしを観察している

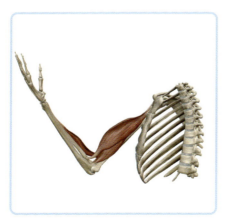

ヒューマン・アナトミー・アトラス

ARコンテンツの解説

「ヒューマン・アナトミー・アトラス」のコンテンツのうち、骨格と筋肉を再現したものを利用します。上腕二頭筋が収縮すると、同時に橈骨(とうこつ)が持ち上がり、腕が曲がる様子をARで立体的に観察できます。

授業の概要

　筋肉は縮むときに力が必要で、拮抗する2本の筋肉が交互に縮むことで腕の曲げ伸ばしができます。授業では、自分の腕をよく観察して、筋肉・骨・腱がどのようについているかを想像して図を書きます。そのあと、2本の木の棒をヒートンでつないだ模型を使って腕の動きを再現します。骨を模した木の棒に筋肉を模したゴムをどう引っ掛ければ腕が曲がるのかをグループで考えます。続いて、鳥の手羽先を解剖して筋肉の動く様子を確かめます。筋肉の先に付いている腱をピンセットで引っ張ったりゆるめたりして、手羽先が曲がったり伸びたりするのを観察します。

AR活用場面

　模型を使って、腕の曲げ伸ばしができる原理を学び、鳥の手羽先を解剖して動く仕組みを確かめます。そのあとARを使って、いろいろな角度から腕の曲げ伸ばしをしている様子を観察します。特に、上腕二頭筋と上腕三頭筋が拮抗して収縮する様子と、腱がどのように骨に接続しているのかを観察します。また、腕だけでなく、足や首などの部位の曲げ伸ばしの様子も観察して、2つの筋肉が伸び縮みすることで、曲げ伸ばしできることを学びます。ARを使うと、実際に観察しにくい構造を詳しく調べることができます。

生徒の様子

　模型を使って腕を曲げる構造を考えるとき、筋肉を模したゴムは試行錯誤しないと正しくかけられません。右図のように間違えてしまいます。このままだと力こぶが関節の上にできます。また、しっかりと構造を理解した上で、鳥の手羽先の動きを観察するとより深く学べるよ  うでした。さらに、仕上げにヒトの腕の曲げ伸ばしをARで立体的に観察すると、もっと理解が深まるようでした。

> **四方山話** 自分の知っていることはたかが知れている。できるだけ共有する。

中学2年

棒磁石の磁界

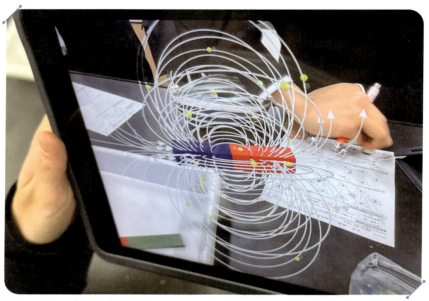

棒磁石の周りの磁力線の様子を観察している

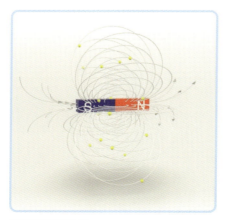

AR棒磁石の磁力線

ARコンテンツの解説

棒磁石のN極とS極から磁力線が立体的につながっているように出ています。実際には粒子は出ていないのですが、磁界の方向をイメージしやすいように、N極からS極に向かって小さな球が出ていく様子を表現しています。

授業の概要

　磁石にはN極とS極があります。同じ極同士を近づけるとモワモワとした反発を感じます。このような目には見えない磁石の影響を受ける力のことを磁力といいます。授業では、磁石の周囲にどのような磁力線が出ているのかを予想してから、棒磁石やU字磁石の周りに鉄粉をまいて磁力線を観察します。さらに、磁力線がどのような向きに出ているのかも予想します。予想が難しいのは、棒磁石の中央付近です。方位磁針を置いたときに、N極がどちらを向くかの予想はかなりバラバラに分かれます。方位磁針で向きを確かめた結果を写真に撮影して、わかったことと合わせてロイロノートに提出し、クラス全体で共有します。

AR活用場面

　棒磁石やU字磁石を机に置いて鉄粉をまくと、綺麗な模様が見えます。ただ、この模様は平面的にしか現れないので、生徒によっては、磁力線が平面的なものであるかのように理解するかもしれません。そこで、液体に鉄粉が入った教具を使って立体的に観察します。鉄粉をかき回した後、磁石を近づけると鉄粉が立体的につながる様子を観察します。鉄粉を使った実験のあと、ARコンテンツで立体的にそれぞれの生徒が観察します。平面的な理解を立体的なイメージに膨らませます。

生徒の様子

　鉄粉をまくことで、それまでは見えていなかった磁力線が綺麗な模様になって見ることができます。この瞬間、生徒は驚きの声を上げました。また、ARコンテンツをいろいろな方向から見て、立体的に磁力線が出ていることを確かめていました。特に、机に置いた
磁石では観察することができない方向からも磁力線を観察していました。

> **四方山話**　車のハンドルは、遊びがあるから車はまっすぐ走れる。

中学2年

モーターは
なぜ回り続けるのか？

自分の考えをペアで解説している様子

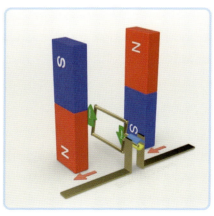

ARモーター

ARコンテンツの解説

2つの棒磁石の間にコイルがあり、電流が流れて、コイルがグルグルと無限に回転し続けます。ブラシにはさまれている整流子の働きで、コイルに流れる電流が半回転ごとに逆に流れます。平面の図ではわかりにくい立体的な動きを観察することができます。

授業の概要

磁石の近くで電流を流すと、力がはたらいて動きます。この原理を応用して、連続的に動くようにしたものが、モーターです。授業では、「エナメル線」「電池」「クリップ」「磁石」でクリップモーターを制作して、10秒間回すチャレンジをします。うまく回っているところを動画に撮って、ムービーを提出します。モーターづくりの体験を通して、いろいろな気付きが生まれます。例えば「エナメル線の両端を全部削ると回らない」「磁石を近づけた方がよく回る」など。回転し続ける理由について考察し、他者に説明する授業を行います。

AR活用場面

自分のタブレット端末で、ARモーターの大きさや視点を変えて、電流や磁界、力の向きを観察します。特に「整流子」と「ブラシ」という、モーターの要になる部品の構造に着目します。コイルが半回転するごとに、コイルに流れる電流の向きが反対になっている様子を観察します。見えないものを可視化したり、拡大したり、視点を変えたりできるのもARのよいところです。説明に使いやすい写真を撮影して、タブレット端末の画面上に、力の向きを表す矢印や説明文を書き込みます。そして、ペアになり説明し合い、説明が終わったあと、もう一度考察を考え直して提出します。

生徒の様子

以前ARを使っていなかったときは、回転し続ける理由についてレポート用紙に考察を書いていました。ARを使うようになって、タブレット端末の図に言葉を書き込むことで、説明文を書きやすくなり、口頭での説明も容易になったようです。

四方山話 待てるかがとても大切。ミスをしてもすぐに指摘しない。

リニアモーターの進む原理

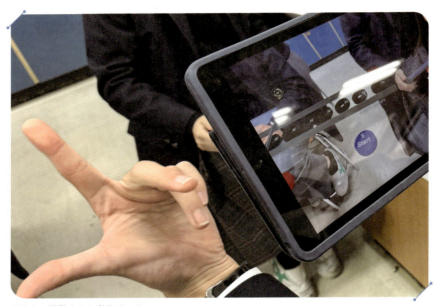

どちらに移動するか考えている

ARリニアモーター

ARコンテンツの解説

リニアとは「線のような」という意味があります。ボタンを押すと筒が線のようにスムーズに動きます。
赤色や青色ボタンを押すと、N極が上になったり、下になったりと、磁石の置く向きが変わります。そうすることで、細い筒が動く向きが変わります。

授業の概要

磁石の近くで電流を流すと、導線に力がはたらいて動きます。U字磁石のブランコ実験やクリップモーターづくりのような動きがある実験を行うと生徒たちは喜びます。この原理は回転するモーターだけでなく、リニアモーターにも使われています。車体の磁石と地面の磁石の相互作用で浮いたり、進んだりします。授業では、アルミホイルと磁石、手回し発電機を使って実験します。アルミホイルで2本のレールと転がるパイプをつくります。磁石をレールの間に並べて、手回し発電機で電流を流すとパイプが転がります。磁石のN極やS極をひっくり返したり、手回し発電機を回す向きを逆にしたりすると進む向きも変わります。また、N極とS極をわからないようにして、パイプが進む方向で磁石の極を推測する課題を出すと盛り上がります。

AR活用場面

自由に楽しめる雰囲気の中、アルミホイルと磁石と手回し発電機でパイプが転がる実験をします。そのあと、ARコンテンツを使って、電流と磁石の向きと力がはたらく向きの関係についておさらいをします。電流を流すとパイプが転がることや、N極とS極を反対にすると進む方向が逆に進むことを確認します。

生徒の様子

実験では、手回し発電機を一生懸命回して、アルミホイルのパイプが転がる様子を楽しんでいました。パイプがレールから離れると、手回し発電機が軽くなり、触れると一気に重くなるのも面白がります。また、ARではフレミングの左手の法則を使って、動く向きを何度も確認していました。

四方山話　よいアイデアは人より先に思いつくと嬉しいが、形にするところが難しい。

中学2年

気圧配置図を ARで見る

AR気圧配置で気圧の高さを観察している

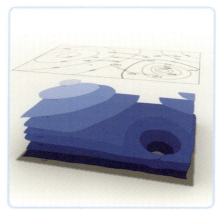

AR気圧配置

ARコンテンツの解説

気圧の高低を山の高さに見立てて、ARコンテンツを作成しました。Keynoteで気圧が等しい部分を塗って、9つのレイヤーをつくります。それをReality Composerで重ねて完成です。

授業の概要

　天気予報でよく見る高気圧や低気圧を表している図を気圧配置図といいます。この図の等圧線は、気圧が等しいと思われる地点をなめらかな曲線でつないだものです。等圧線の幅が狭いほど風が強く、囲まれた中心の気圧が低いほど低気圧、高いほど高気圧です。気圧配置図に天気や前線などを加えたものを天気図といいます。授業では、高気圧や低気圧になる条件やその付近の風の動きを学びます。気圧配置図の情報を正しく読み取ることで、今後の天気をある程度予想することができます。

AR活用場面

　気圧配置図の読み取り方や、高気圧や低気圧が生じる条件などについて学習をします。そのあと、段ボールで作成した立体模型を使って平面的な気圧配置図を立体的に観察します。そのあとARコンテンツを制作します。制作はiPadアプリのKeynoteで、等圧線ごとに色を塗ったレイヤーを9枚作成します。このレイヤーをReality Composerに取り込み、重ねて立体的に組み立てます。AR表示をして、高気圧や低気圧の傾きを観察して、高いところから低いところへ向かって風が吹くという原理を学びます。

生徒の様子

　ARコンテンツの制作に25分ほどかけました。同系色のグラデーションを意識して、色分けします。制作前は平面の気圧配置図を立体的に感じることはなかったですが、制作後はほとんどの生徒が気圧配置図を見たときに立体的に捉えることができました。新聞などの気圧配置図を見て、風の向きや強さを予想できるようになったようです。

> **四方山話** 危機的状況では私事より、知恵や情報をオープンにすることが最優先。

陸風と海風

晴れた昼間の風の向きを観察している

AR海陸風

> **ARコンテンツの解説**
>
> DayやNightのボタンを押すと時刻が変わり、風の吹く方向が変化して、海陸風が生じる様子を観察することができます。小さな粒が空気を表していて、粒の移動で風を再現しています。夜は灯台のライトが回っています。

授業の概要

　海岸に近い地域では、昼と夜では風の吹く方向が変わります。これを陸風と海風といいます。地面と海水の暖まりやすさによって風が生じます。海水は温まりにくく、地面の方が暖まりやすいので、昼は、陸で上昇気流が生じて、海から陸に向かって風が吹きます（海風）。逆に夜は海の方が暖かいので、海で上昇気流が生じやすく、陸から海に向かって風が吹きます（陸風）。授業では、夕方の街の風景の写真を見て、海がどこにあるのかを考えます。ポイントとなるのが、工場の煙のたなびいている方向です。ロイロノートに考えた理由を書き、みんなで考えを共有します。

AR活用場面

　まず、海陸風が吹く仕組みを解説します。そのあと、夕方撮影した写真で、海がどこにあるのかを考える問題に取り組みました。さらに、ARで昼と夜に吹く風の向きの違いを見ながら、原理を整理するためにペアになり、自分の考えを伝え合います。

生徒の様子

　最初に、太陽に着目させて、朝日か夕日かを考えました。夕日だということを伝えたのちに、海が写真の左右のどちらにあるのかを、工場の煙を見ながら考えました。多くの生徒が海の方向はわかりましたが、なぜそう考えたのかを写真に図や言葉で書いてみる際に、まとめて解説するのが少し難しいようでした。

> 四方山話　視点を変えれば、私たちはまだまだ能力を伸ばすことができる。

高気圧と低気圧の風の向き

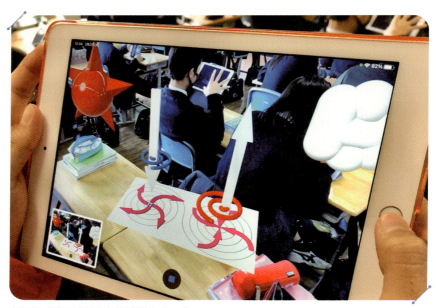

高気圧と低気圧の風の向きを観察している

AR高気圧と低気圧の風

ARコンテンツの解説

アニメーション付きのARコンテンツ。高気圧は、青色渦巻きが右回りをしながら下降します。低気圧は、赤色の渦巻きが左回りをしながら上昇します。矢印の向きで風の動きを表現しています。

授業の概要

　風はどこから吹いてくるのでしょうか。気圧の差による空気の移動が風です。地表付近の気圧が高い方から低い方へと吹きます。ただ、地球の自転の影響で、風はわずかに右に曲がって吹きます。そのため、低気圧は上から見ると、左回りにねじれながら上昇します。右手でドアノブを回して開ける動きに似ています。逆に高気圧は上から見ると、右回りにねじれながら下降します。授業では、高気圧と低気圧付近の風の動きとその周辺の天気との関係について学びます。高気圧は下降気流が生じるので天気は晴れ、低気圧は上昇気流が生じるので曇りや雨になります。授業した日の天気図を見て、風向や天気が学んだ通りになっていることを確かめます。

AR活用場面

　高気圧と低気圧の風の動きと天気との関係について学んだあと、ARコンテンツを制作します。風向を表す矢印を置いて、上昇や下降をしながら渦を巻くようなアニメーションを付けて完成です。風の向きを意識しながらじっくり時間をかけて制作することで、風の向きと気圧差との関係が理解できます。机の上で小さくAR表示してミニチュア写真を撮影するか、校庭に出て大きくAR表示してギガンティック撮影（巨大にした写真）をします。撮影した写真をロイロノートに提出して、みんなで鑑賞します。

生徒の様子

　ARコンテンツにアニメーションを付けるのは少し時間がかかりますが、うまく付けられるとみんな満足な表情を見せました。教室から外に出て、自分が制作したARコンテンツを表示して、近くに友達を立たせて、ストーリー性のある写真を撮影している生徒もいました。

　四方山話　自分のためと思うとできないが、誰かのためにと思うと頑張れる。

中学2年 前線と雲の動き

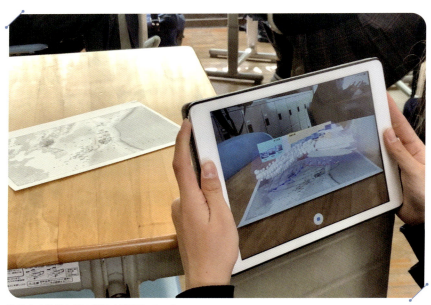

移動する前線と雲の様子を観察している

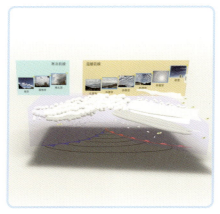

AR前線と雲

ARコンテンツの解説

雨を降らせながら徐々に右へ進んでいく前線と雲をARで表現しています。右へ進むのは偏西風の影響で天気が西から変わっていくことを表しています。また、前線近くの雨の降り方も違います。消しゴムなどを立たせておくと、雲の種類の変化などに注目しやすいです。

前線と雲movie

AR前線と雲

授業の概要

　暖かい空気と冷たい空気がぶつかり合っている境目のことを前線面、地表と前線面が交わっている線を前線といいます。温暖前線や寒冷前線が近づくと、天気や気温が大きく変化し、雲の種類もどんどん変わります。

　授業では、カラフルなお湯を使った水槽実験で前線のでき方を実験します。前線が近づくときの雲の種類の変化や雨の降り方、気温や風向の変化についても学びます。また単元を通して、雲の写真を毎日撮影して、天気図とともに記録を残します。雲の種類を見極めて、前線が近づいてくるかどうかを知り、天気を予想することにつなげます。

AR活用場面

　前線のでき方と温暖前線や寒冷前線が近づくときの雲の種類の変化について学んだあと、ARコンテンツを制作します。生徒には３つのパーツ（雲、雨、前線）を配布して、Reality Composer上で組み合わせて、ゆっくりと右へ移動していくアニメーションを付けます。最後に自分で撮影した９種類の雲の写真を貼り付けて完成です。完成したARコンテンツは、机の地図上で小さく観察したり、校舎外で大きく観察したりします。どちらも前線移動に伴って、雨の降り方や雲の種類がどう変化するかを観察します。お気に入りのスクリーンショットを撮影して、教室に戻りみんなで見ます。

生徒の様子

　ARコンテンツの制作は、３つのパーツの組み合わせで、アニメーションも指定した通りに付けるだけなので、簡単に完成していました。自分が撮影した雲の写真を入れることで、オリジナルのコンテンツができあがり、前線の移動を楽しんでいました。

四方山話　どんな状況でも今の状況を楽しく味わう。

台風の動き

移動する台風の軌道を観察している

AR台風

ARコンテンツの解説

日本地図の上にAR表示をして、台風が進む様子を観察します。
赤色のボタンを押すと、クルクルと台風が回転し始めて、高気圧の縁に沿って、右回りに回転しながら進んでいきます。

授業の概要

　台風が接近すると、風や雨が激しくなります。台風の進路を予測することは、安全に生活する上でとても重要です。東南アジア付近で発生した台風は貿易風の影響で北西に進路を進めます。日本付近にくると偏西風の影響で北東に進路を変更します。最後は北上に伴い海水温が下がるので温帯低気圧になり消滅します。ところが、日本付近に太平洋高気圧があると、その圧力に負けて北へそのまま進めません。結果的に高気圧の縁を回るようにうろうろと進むようになり、台風の影響が長い期間続きます。授業では、加湿器を使った竜巻発生装置を理科室に設置して、竜巻が起きる様子を目の前で観察します。そのあと、海上で台風が発生する仕組みやその影響について学びます。

AR活用場面

　竜巻や台風が発生する仕組みについて学んだあと、ARで日本付近に高気圧がある場合の台風の動きを観察します。また、台風は左回りに風を吹かせて進むので、自分の住んでいる地域より台風が西を通ると雨風が強くなります。このことを考えながら観察するようにします。

　そのあと、気象庁のWebページにある実際の台風の軌跡の地図を見て、気圧配置や季節との関係性について考察します。

生徒の様子

　竜巻発生装置で竜巻が発生していく様子を目の前で見たときは、おーという歓声が上がりました。また、教科書や資料集には、台風の進路の図が載っていますが、台風の回転方向までは意識しにくく、台風の東西での風の強さの違いまでわかりづらいです。ARの観察では、「AR台風」が回転しながら進んでいくので、台風の進路と風の強さを意識することができているようでした。

> **四方山話** 世の中は白黒ばかりでなくグレーも多くある。

中学2年

雪を降らせる

雪が降ってくる様子を観察している

AR雪

ARコンテンツの解説

雪だるまがたたずむ街で、次々と上空から六角形の雪の結晶が降ってくるアニメーション付きのARコンテンツです。

授業の概要

　雨は雪が溶けたものか、雪は雨が凍ったものか、どちらでしょうか。雪は、地上の気温が寒いときに溶けずにそのまま降ってきたものです。上空の気温や湿度などの気象条件によって、雪の結晶の形が異なります。それを解き明かした雪の研究者である北海道大学の中谷宇吉郎先生の「雪は天から送られた手紙である」という言葉はとても有名です。また、雪の結晶が基本的に六角形なのは、水分子が集まって固体になるときに六角形になるからです。授業では、雪の結晶をペットボトルの中で成長させて観察します。教材提示装置のカメラで撮影しておいて20分もすると、枝を伸ばして樹枝状の結晶になる様子をモニタ越しに見ることができます。雪や雨が降る仕組みについて学びます。

AR活用場面

　上空で雪が育ち、雪が降る場合と雨になる場合の違いについて学んだあと、ARで雪が降ってくる様子を再現します。Keynoteで好きな結晶の形を描きます。それをReality Composerで組み立て、アニメーションをつけて完成です。時間があれば、街や雪だるまをつくると雰囲気が楽しめます。雪が降らない地域でも簡単に降らせることができるので生徒は喜びます。

生徒の様子

　実際に教室のモニタ越しに雪の結晶が1cmほどの大きさに育っていく様子を見て驚いていました。ARコンテンツの制作では、自分たちの思い思いの形の結晶をつくり、楽しんでいました。ただ、無限に雪が降り続けるアニメーションを付けるところは少し難しいようでした。

（四方山話）いくらお金があったとしても、砂漠で水は買えません。

中学3年

ARで古代の生物を蘇らせる

ムカシトンボを止まらせて撮影している

ARティラノサウルス

ARコンテンツの解説

ARティラノサウルスは、体長10mの大きさで表示されます。教室で表示すると、上半身は天井を突き抜けてしまい見えませんが、広い空間で観察すると、その大きさに圧倒されると思います。

授業の概要

　46億年前に誕生した頃の地球には、酸素が少なかったそうです。それから数億年が経ち、光合成ができる生物が海の中で誕生したことで、徐々に空気中に酸素が増えていき、今のような環境に近づきました。生命は海で誕生しましたが、やがて宇宙からの紫外線を防いでくれるオゾン層ができた頃から、陸への進出が始まりました。授業では、特に海から陸へ上がる進化（魚類から両生類、爬虫類への進化）において体のつくりがどのように変化したのかを化石の写真を見ながら学びます。また、生きた化石として有名なシーラカンスの標本をARで観察します。

AR活用場面

　地球の生命の進化について学びます。そのあと、教師が事前に制作していた恐竜などのARコンテンツを表示して、それらの大きさを体験しました。学校内の靴箱や木などの近くで、昔の生物の大きさがわかるように、等身大のコラボ写真を撮影します。それをロイロノートに提出してみんなで見ます。また、ARコンテンツを制作するスキルが高い生徒には、好きな古代生物を制作してもらいます。また、シーラカンスなどの標本の3Dスキャンデータを利用して、体のつくりを観察します。現存している似た生き物と比べて、どこが違うかについてグループで話し合います。特にヒレや脚、指の本数などに注目します。

生徒の様子

　ムカシトンボやティラノサウルスなどを実際の風景に馴染ませてコラボ写真を楽しそうに撮影していました。また、3Dスキャンしたシーラカンスは、ヒレが肉厚で足のように見えることなどを観察していました。意外と大きいことにも驚いていました。

四方山話 特化した特徴を持つと強いので、しっかり褒めて育てる。

原子の構造

電子の動きを観察している

AR原子の構造

ARコンテンツの解説

ヘリウムの原子は、陽子2個と中性子2個でできた原子核と、その周りにある大変な速さでぐるぐると回っている2個の電子からできています。

授業の概要

　原子1粒の大きさは、1億倍すると1cmくらいの大きさです。これを0.1ナノメートルといいます。イギリスのドルトンは、世の中の物質はすべて原子から成り立っているという原子説を考えました。さらに時代が進み、ラザフォードやトムソンなどが、原子はもっと小さな粒子（陽子、中性子、電子）から成り立っていることを発見しました。授業では、原子番号が陽子の数によって決まっていることや、原子の質量は陽子と中性子の数によって決まっていることを学びます。また、電子は原子核（陽子と中性子を合わせたもの）の周囲にある電子殻に規則にしたがって入っていることを学びます。このことが、陽イオンと陰イオンの考え方につながります。

AR活用場面

　ヘリウムの原子番号は2番です。ヘリウムの原子核は2個の陽子と2個の中性子から成り立っています。ARは、この原子核の周りを立体的に電子が回っていることを観察する場面で使います。原子核を3cmとすると電子は3kmほど遠いところを回っており、表示が困難なため、電子が30cm離れているように制作しています。電子が飛んできた一瞬を逃さず、原子の構造がわかるようなスクリーンショットを撮るチャレンジを行います。

生徒の様子

　電子は一瞬で行き過ぎてしまうので、うまくスクリーンショットを撮影できた生徒は喜んでいました。2個の電子を同時に撮影できると大興奮です。この活動をすることで、電子が高速で原子核の周りを回っていることを印象付けられたと思います。

四方山話　他人の好き嫌いは簡単に変わるので、自分の信念を大切にする。

中学 3年

太陽高度は緯度によって違う

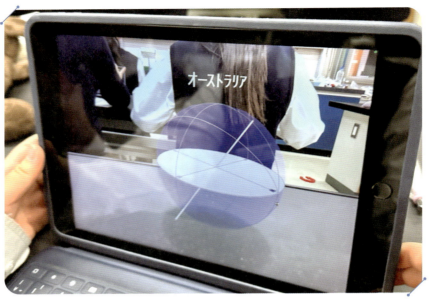

オーストラリアでの太陽の動きを観察している

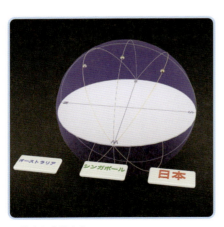

AR緯度と太陽高度

ARコンテンツの解説

アニメーション付きのコンテンツ。日本、シンガポール、オーストラリアでの太陽の軌道を再現しています。それぞれの名前のボタンを押すと、その国の太陽の軌道だけが再現されます。コンテンツを拡大することで、地上から太陽の動きを見上げて観察することができます。

授業の概要

　緯度によって太陽高度は違います。例えば、赤道に近いシンガポールでは、春分の日と秋分の日の正午に太陽が真上に来て、この日は影ができない珍しい現象が起こります。南半球のオーストラリアの正午は、北の方に太陽があります。太陽を参考にすると、方位がわからなくなり道に迷ってしまうこともあります。授業では、透明半球を使って1日の太陽の位置を記録する実験を行い、太陽が一定の速さで動いていくのを確かめます。続いて緯度によって太陽高度が違うことを、各地での記録をもとに学びます。また、南半球でも東から太陽が昇りますが、反対から昇ると考える生徒も案外います。小さな地球儀を配布し、筒状にした紙を覗いて、地球儀を自転させたときに、緯度に関係なく太陽が東から昇ってくることを観察します。

AR活用場面

　透明半球に記録した太陽の動きを、ノートに平面図として書きます。続いてARコンテンツを使って立体的に観察します。平面図で書いたりARで見たりを繰り返すことで、平面図を見て頭の中で立体的に捉えることができるようになります。また、太陽の動きは現地に行かないと感じることはできませんが、ARを使えば擬似的に体験することができます。南半球のオーストラリア、赤道付近のシンガポール、北半球の日本の3地域での太陽の動きをARで観察します。太陽高度が異なる理由について地球儀も使って考えます。

生徒の様子

　筆者はオーストラリア、シンガポール、日本の3地域で透明半球を使って1時間ごとの太陽の動きを実際に記録しました。その記録がARコンテンツの軌道と同じであるので、生徒は世界の離れた地域のことながら、天体の現象を身近に感じていたようです。

> **四方山話** 得意になると、苦手だった気持ちや感覚を忘れてしまう。

天体はぐるぐる回る

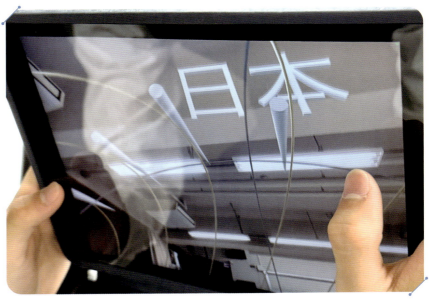

天頂付近の天体の動きを観察している

AR天体の動き

ARコンテンツの解説

アニメーション付きのコンテンツ。天球上に星の軌跡がぐるぐると地軸を中心に回っているのが観察できます。
地軸の先の方に北極星が浮かんでいます。大きく拡大して天球の中に入り、4つの方位の天体の動きを観察することができます。

授業の概要

　みなさんは天の川を見たことはあるでしょうか。夏に見える印象が強いですが、意外と1年を通して見えています。さて、夜空に光る恒星は動いていませんが、地球が自転しているために、時間が経つと動いたように感じます。東を向くと右上に昇るように見え、北を向くと北極星を中心に左回りに動いているように感じます。このような動きを日周運動といいます。北極星は地軸の延長線上にあるために、時間が経ってもほとんど動きません。授業では、360度カメラで撮影した天の川が映っているタイムラプスムービーをYouTubeのVRで観察します。時間と共にどのように動いているか、気付いたことを伝え合います。それを踏まえて、4方位で撮影されたスタートレイル写真（星の動きが軌跡になっている写真）を見て、どの方位で撮影されたかを考えます。

AR活用場面

　4方位のスタートレイル写真を見て、どの方位を撮影したものかを考えます。そのあと、ARコンテンツで確かめます。地軸を中心に地球が自転しているために天体が回って見える様子を、地球からの視点と天から俯瞰（ふかん）した視点の両方で観察します。ARコンテンツを大きく表示して、地上から空を見上げて星の動きを観察したり、小さく表示して地軸を中心として天体が回転している様子を見たりします。

生徒の様子

　天の川を見たことがない生徒はかなりたくさんおり、時々流れ星も流れるVRムービーを見て喜んでいました。また、ARコンテンツでの観察をしながら、4方位のスタートレイル写真を比べて理解を深めている生徒もいました。

四方山話　振り返りとは、してきたことを意味付けたり価値付けたりすること。

星座が見える方位はどちら？

星座が見える方位を考えている

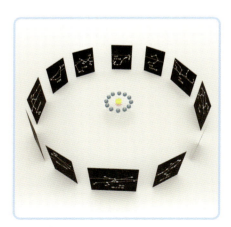

AR12星座

ARコンテンツの解説

中央の太陽を囲むように地球が12個、さらに外側に12星座が並んでいます。地球のどれかをタップすると、その月の地球だけが残ります。生徒たちは、拡大しながら、地球時間の明け方や夕方、真夜中に見える星座の位置を観察します。

授業の概要

　季節が変わると、夜に見える星座も変わります。例えば、夏の真夜中には、さそり座が見えますが、冬の同じ時刻には、オリオン座が見えます。これは、太陽の周りを地球が公転しているために起こる現象です。地球からの「見上げる視点」と、天から天体を「俯瞰（ふかん）する視点」の両方を行き来しながら考えることで、全体像が理解できます。授業では、誕生日占いなどで知られる12星座が「どの時期に」「どの時間帯に」「どの方位に」見えるのかを12星座の模型、ミニ地球やミニ太陽、回転する木を使ってグループで考えます。授業の途中で、ARコンテンツを配布します。ARコンテンツを渡した途端、考えるスピードが加速します。

AR活用場面

　初めに模型を使って、天から「俯瞰する視点」と地球から「見上げる視点」を行き来しながら観察します。だいたい10分もすると、その２つの視点の移動に慣れてきます。途中で投入したARコンテンツを活用すると、地球に立っている気持ちになって星座を観察することができます。例えば、10月の真夜中の地球に立つと、西の空にいて座が見えます。タブレット端末を持ち実際に移動しながら、星座の位置を確かめます。

生徒の様子

　12星座の模型を均一に置くのが難しいようで、地球から見える星座の方位が微妙にずれてしまいます。一方で、ARコンテンツは、初めから星座の位置が固定されているので、考えることに集中しやすいようです。視点の移動も簡単に行えるた

め便利だと答えていました。また、模型は家には持って帰れませんが、ARコンテンツは家に持って帰って、自分一人で学習を続けることができます。

四方山話　大きな歯車を回すために、まずは小さな歯車を回すことから始める。

太陽高度と気温の関係

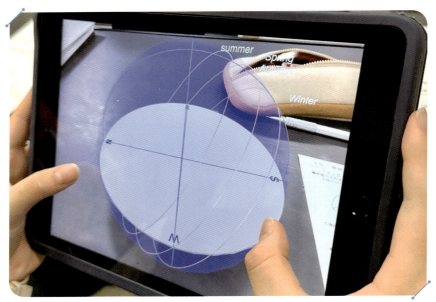

宇宙から太陽の動きを観察している

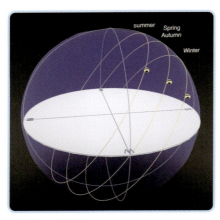

AR季節と太陽高度

ARコンテンツの解説

3つの球が同時に動いています。それぞれ夏、春秋、冬の太陽を表しています。コンテンツを大きくして中央に立つと地面に立った様子を観察でき、小さくすると宇宙から太陽の動きを眺められます。

授業の概要

　太陽が真東から昇ってくるのは、1年に2回しかありません。春分の日と秋分の日です。季節によって太陽が昇る方位が違いますが、南中高度もかなり違います。例えば、北緯34度の地域だと、夏の太陽の高さは約80度ありますが、冬は約33度しかありません。そのため、夏は地面に真上から太陽の日差しが差し込み気温も高くなります。冬は斜めから優しく差し込むので気温は低くなります。太陽高度が季節によって違うのは、地軸を傾けたまま太陽の周りを地球が公転しているからです。授業では、緯度の違いでどの程度気温が違うのかを、世界地図と雨温図で調べます。そのあと、地軸の傾きを傾けたまま公転していることと太陽の高さとの関係について学びます。

AR活用場面

　ARの3つの球の動きから、太陽が季節によって昇る軌道が違うことを学びます。コンテンツを大きくして地面に立って、太陽が昇ったり沈んだりする方位を確認します。このとき、3つの太陽の軌道はすべて傾斜が同じであることに注目します。この傾きは観測値の緯度に関係しています。赤道に近づくほど、傾きは垂直になります。また、コンテンツを小さく表示して、真横からスクリーンショットを撮り、昼の長さと夜の長さを線で書き分けて、夏と冬の昼夜の長さの違いを確認します。

生徒の様子

　ARコンテンツの太陽の動きをタブレット端末で追いかけて観察していました。また、太陽の軌跡を横からスクリーンショットで撮影して、昼夜の長さが季節によって違うことを理解する場面は、とてもわかりやすいようでした。

　四方山話　誰かの見えない努力のおかげで、子どもたちが楽しく学べる。

中学 **3**年

季節によって太陽高度が変わる理由

ARで再現しながら模型で実験

AR公転と太陽高度

ARコンテンツの解説

中央に太陽があり、その周りに地球を4箇所に置いています。太陽に近い方の地球は明るく照らされていて昼になります。それぞれの地球には日本の位置に赤いコーンを立てています。コーンの先端が指す方向が、その地点での真上を表しています。

授業の概要

　日本には四季があります。これは地球の地軸が傾いたまま太陽の周りを公転しているからです。もし地球の地軸が傾かずに公転していたらどうなるでしょうか。1年中太陽の当たり方が変わらないので四季がなく、いつでも同じ気候になります。地軸が傾いている影響で、1年で太陽が一番高く昇る夏は太陽の南中高度が約80度、低く昇る冬は約33度と大きく高度が違います。太陽の高さによって気温も変わります。夏は高いところから光が当たることで密度の高い光が地面を温めるので気温が高くなります。授業では、地軸を傾けたまま太陽の周りを公転する地球の模型を使って、太陽の高度が季節によってどのような仕組みで変わるのかを考えます。

AR活用場面

　発泡スチロール球の太陽と地球の模型の位置を動かして季節の違いを再現します。そして、それぞれの季節での日本から見た太陽の高度がどのようになっているかを考えます。ARコンテンツは、模型での実験の補助として活用します。大きく表示して、地面に立ったつもりになって、天頂や地平線を意識することで、季節によって太陽がどの程度高くなっているかを確かめることができます。

生徒の様子

　地面からの視点と天からの視点を何度も切り替えて観察していました。ARコンテンツを大きく表示して、自分が地球に立っているような視点で観察することができるので、季節ごとの太陽の高度の違いを考えるのに、役に立っているようでした。

四方山話 教えてあげようという思いが強すぎると相手の負担になる。

中学3年

8つの惑星の大きさと公転周期を比べる

自分の考えをペアで解説している様子

AR惑星比べ

ARコンテンツの解説

惑星の大きさの違いがわかるように、縮尺をそのままにして、近くに並べています。また、moveボタンをタップすると、太陽を中心に惑星が公転を始めます。公転のスピードは、太陽に近いものほど速く、遠いものほどゆっくりと動きます。

授業の概要

　太陽は地球の約100倍の大きさですが、宇宙には太陽よりもさらに大きい恒星があります。例えば、オリオン座のベテルギウスは太陽の1000倍の大きさです。また、地球などの惑星は太陽を中心に公転しています。公転する速さは、水星のように太陽までの距離が近いほど速く、海王星のように遠いほど遅いです。これをケプラーの第２法則といいます。また惑星の中で一番大きいのが木星、一番小さいのが水星です。

　授業では、恒星や惑星の大きさの違いをARで観察します。続いて８つの惑星の特徴（成分、大きさ、公転周期、太陽からの距離など）について学びます。

AR活用場面

　この授業ではARを３つの場面で使います。まずは、ARで太陽が他の恒星と比べてそれほど大きくないことを確かめます。続いて８つの惑星の大きさの違いをARで観察します。地球型惑星は小さく、木星型惑星はとても大きいことを確かめます。続いて３つ目の場面として、太陽の周りを公転する速さの違いを観察します。太陽に近い水星はとても速く、遠い海王星はかなりゆっくりと動きます。

生徒の様子

　惑星がグルグルと太陽の周りを公転する様子を観察しながら、３つ以上の惑星が並んだところをスクリーンショットするチャレンジを行いました。楽しそうに取り組んでいました。その写真をロイロノートに提出してみんなで鑑賞しました。このチャレンジを通して、太陽からの距離と公転周期の関係について体験的に学んでもらいました。

四方山話　寛容な社会の実現のためには、やり直しを認めることが大切。

中学 **3**年

複雑な動きを
する惑星（金星）

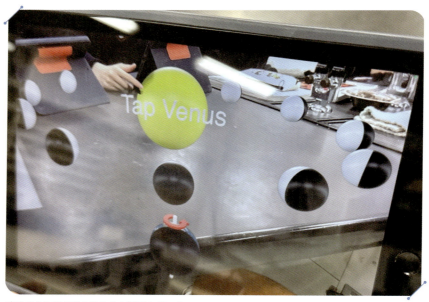

地球から金星がどう見えるか観察している

AR金星

ARコンテンツの解説

中心に太陽、その周りに12個の金星と地球を配置していて、地球から金星を見たときにどのように見えるのかを観察します。さらに、注目したい金星をタップするとその金星だけが残り、金星の満ち欠けがより観察しやすくなります。

授業の概要

　地球は太陽の周りを1年かけて公転しています。夜空の星が1日経つごとに1度西へ移動して見えるのはこのためです。ただ、夜空の星の中に少し違う動きをしているものがあります。それが惑星です。火星や金星などを長期間観察すると、恒星の間を右に行ったり左に行ったりしているのが名前の由来です。明けの明星や宵の明星として有名な内惑星（地球よりも太陽に近い惑星）である金星は、日が経つごとに見かけの大きさが変わったり、月のように満ち欠けをしたりします。授業では、1ヶ月ごとに撮影した金星の写真を基に、金星が地球より太陽に近いところを公転していることを確かめます。

AR活用場面

　発泡スチロール球の模型とライトを使って、地球から金星がどのように見えるのかを観察して写真撮影します。そのあと、ARコンテンツを大きく表示して、地球の時間帯を意識しながら、金星の見かけの大きさや欠け方についてグループで考えを整理します。模型とARの両方を使うのは、グループで考えるときは模型、個人でじっくりと考えるときはARを使うことができるようにするためです。自分がどのように模型で観察したのかを情報共有したいときにもARは役立ちます。

生徒の様子

　模型を使って地球から見た金星の写真を撮影するときに、本当に欠けているように見えるのが面白いようでした。模型を使うことで、地球から金星を見た視点と、地球と金星の位置関係が確認できる上からの視点で学習が行えます。ARコンテンツを使うと、何度でも金星の満ち欠けの確認ができるので、グループでの話し合いに活用していました。

> **四方山話**　自分ができないことを人がやってくれたら感謝しかない。

月の満ち欠け

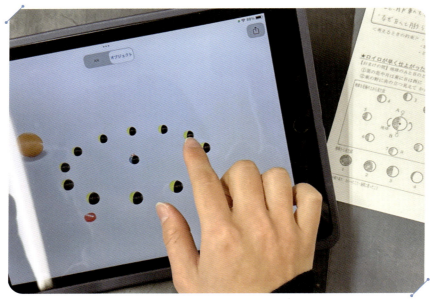

地球から見える月の形を確認している

AR月の満ち欠け

ARコンテンツの解説

地球の周りに12個の月を置き、それぞれの位置の時、月が地球からどのように見えるかを確かめることができます。天から俯瞰する視点と地上からの視点の両方を確かめることができます。また、好きな月に触れるとその月だけを表示することもできます。

授業の概要

　月は馴染み深い天体の1つです。みなさんも秋にお月見をして楽しまれたことがあると思います。新月から約15日かけて満月になります。新月から三日目の月を三日月といいます。思っているよりも、かなり細いです。この三日月は夕方西の空に見えますが、真夜中に見ることはできません。授業の前には、毎日同じ時刻の空で月の高さと満ち欠けの様子をスケッチし、記録しておきます。すると、1日あたり約13度ずつ東に移動しながら、左側へと満ちていくことに気づきます。

　授業では、発泡スチロール球にライトを当てて、光を当てる位置と月の満ち欠けの関係を確かめます。また、有名な歌である「菜の花や月は東に日は西に」「東の野に炎の立つ見えてかへり見すれば月傾きぬ」がどのような情景を歌ったものかについて考えます。

AR活用場面

　グループで発泡スチロール球とライトの実験で満ち欠けの写真と宇宙からの視点の写真を撮りながら、月の公転の向きと公転周期について調べます。そのあと、ARコンテンツで、先ほどの2つの写真を見比べて、月の見え方について整理します。さらに、2つの歌の解釈を考えます。

生徒の様子

　発泡スチロール球の実験で、月の満ち欠けの様子を再現して観察できるのが楽しそうでした。ARコンテンツは、何度でも手軽に自分で月の満ち欠けを確かめられるため、役立ったようでした。

四方山話　自分が頑張ることが誰かの希望になる。

星座を立体的に見る

星座の形に見える位置で写真を撮影している

AR星座の位置

ARコンテンツの解説

透明半球の中央から、それぞれの恒星までの距離を、縮尺を合わせて配置しています。透明半球を大きくして、中央の十字から星を眺めると、星座の形に見えます。オリオン座とさそり座を再現しています。

授業の概要

　みなさんは好きな星座はありますか。私は冬にひときわ目立つオリオン座を気に入っています。さて、夜空にキラキラ光る星（＝恒星）は、あまりにも遠すぎて、どれも地球から同じ距離にあるように感じてしまいますが、実際はそれぞれ距離も大きさも違います。

　授業では2つの体験を通して、宇宙空間には、恒星が様々な位置関係で広がっていることを学びます。1つ目は、国立天文台作成のアプリMitakaと赤青メガネでアナグリフ方式に投影したプロジェクターの画面を見て、立体映像で宇宙旅行を楽しみます。2つ目は、ARを使って、宇宙空間に浮かんでいる恒星を横から観察すると、地球から見ている星座が、まったく違う形になることを知り、恒星までの距離が地球から様々であることを学びます。

AR活用場面

　ARでオリオン座とさそり座を横から見て、地球からの恒星までの距離が様々であることを確かめます。AR星座チャレンジとして、星座の形に見えるように自分の位置を調整して、うまく星座の形になるように撮影します。そのあと星座の形に恒星をペンでなぞり、ロイロノートに提出してみんなで見ます。

生徒の様子

　ARで星座を思い通りの位置にピタッと合わせるのはなかなか難しいです。しかし、写真の通りに星座の形を再現できたときには、生徒たちはとても嬉しそうに友達に自慢していました。

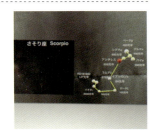

四方山話　世の中の人を幸せにするためにあなたに何ができるのか？

ARコンテンツの制作方法の紹介

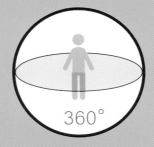

⊕ Reality Composer（iOS）でARコンテンツをつくる

iPhoneやiPadでARコンテンツを制作できるアプリです。Apple社が無償で提供しています。本著で紹介している多くのコンテンツは、このアプリで制作しました（執筆時 version1.6）。以下のような特徴があります。

・最小0.02mmから最大100mの大きさのコンテンツが制作できる
・インタラクティブなアニメーションを加えられる
・3Dスキャンしたデータ（USDZ形式）や写真やイラストを挿入できる
・１つのコンテンツに複数のシーンをつくることができる
・つくったコンテンツを出力する（USDZ形式）ことができる

簡単なARコンテンツを制作する練習をしましょう。

〈Lesson1〉AR動物をつくる（例：カメ）

完成イメージ

1 アンカーを選択する

アプリを起動すると、「AR体験」か「3Dキャプチャー」を選択する表示が現れます。

今回は、AR体験のうちの「アンカー」を選択します。アンカーとは、AR表示するときに、制作したコンテンツをどのような場所に置くかを指定することです。通常は、「水平方向」を選択します。ただし、制作途中でも違う種類のアンカーに変更することは可能です。

表4-1 アンカーの種類

水平方向	テーブルの上や床に置く場合（通常はこちら）
垂直方向	壁から飛び出させる場合
イメージ	写真などにコンテンツを固定する場合
顔	フェイスペイントをする場合
オブジェクト	立体的なものに固定する場合

2 視点・視野を変える

立体的なコンテンツを制作するときには、遠くから見たり、近づいて見たり、いろいろな角度から見る必要があります。この繰り返しによって空間認識能力も鍛えられます。

表4-2 視点や視野を変える方法

視点の角度	1本の指で、円を描くように動かす
視点の位置	2本の指をそろえて、上下左右に動かす
視野の広さ	2本の指を広げたり閉じたりする（ピンチイン・ピンチアウト）

3　色や大きさを変更する

　初期設定では、画面の中央に白色の立方体が置かれた状態から始まります。この立方体に修正を加えて、動物の体をつくっていきます。立方体をタップして選択状態にすると、立方体は青い線で囲まれます。画面の右上の歯車のようなボタン（右から2番目）をタップすると、外観を変更することができます。

- 色の変更…………外観の中の「素材のカラー」から好きな色を選択する
- 大きさの変更……スライダーを動かすか直接数字を入力して、好みの大きさにする
- 素材の変更………金属のような光沢を付けることもできる

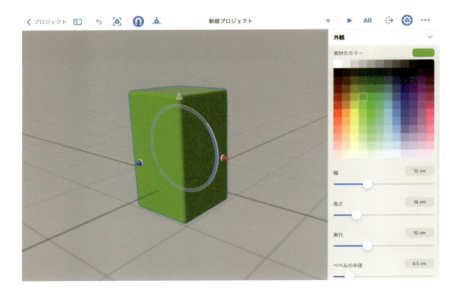

4 新しくオブジェクトを追加して、移動する

　画面の右上の「＋」をタップすると、別のオブジェクトを追加して置くことができます。ここでは、球を追加して、直方体の上に移動させます。画面の右側にある「変換」の「位置」の数値を入力することもできますが、直接動かす方法を紹介します。

・動かしたいオブジェクトをタップして選択状態にする
・すると、3つのコーン（緑色、青色、赤色）が出てくる
・1つのコーンを押しながら指を動かすと、尖った方向に移動できる
・回転させる場合は、オブジェクトの周りの「リング」に沿って指を動かす

　このように、「オブジェクトの追加」「色と大きさ変更」「位置の変更」を繰り返して、目的のものを制作して完成を目指しましょう。

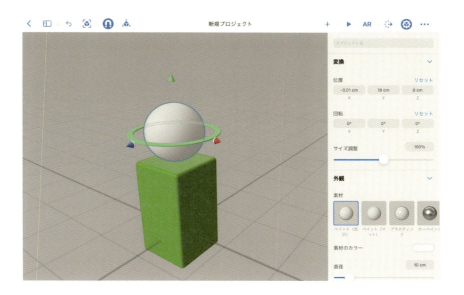

5　ARで表示する

　画面の右上の「AR」ボタンをタップすると、ARで表示することができます。

　もし、「iPadを動かして開始」や「iPadを動かし続けてください」と表示が出たら、その指示に従ってください。ただし、むやみにiPadを素早く動かすのではなく、しっかりとカメラに机を認識させる感じでゆっくりと左右に動かします。

　AR表示しているときにも、大きさや位置も調節してお好みのところに置くことができます。高さも変えられるので、空中に浮かせることもできます。

　さらに「▶」をタップすると全画面表示できます。アニメーションを設定しているときは、再生されます。終わりたいときには、画面下の「■」をタップします。

　思った感じにできていれば、無事にAR動物は完成です。スクリーンショットを撮れば、誰かと共有することができます。

〈Lesson2〉AR動物にアニメーションを追加する
1　各パーツをグループ化する

　AR動物が無事に完成したら、アニメーションを付けてみましょう。今回は、動物をタップするとジャンプするアニメーションを付けます。

　先ほど制作した動物は、頭や足などの各パーツが独立した状態です。この状態でアニメーションを付けてしまうと、頭だけが飛んでいくという感じになってしまいます。ジャンプするアニメーションを付ける前に、まずは、体全体を1つのオブジェクトとしてグループ化します。

・（画面上のどこかを）タップして、「すべてを選択」を選択する
・「グループ」を選択する

　すべてのパーツをグループ化するのではなくて、お好みのパーツだけをグループ化することもできます。パーツを押さえたまま、別のパーツをタップすると、選択されるパーツが増えていきます。

2　タップするとジャンプするアニメーションを追加する

　動物をタップすると、ちょっとだけジャンプするアニメーションを追加します。アニメーションのことを「ビヘイビア」といいます。

・画面右上のビヘイビアボタン（右から3番目）をタップすると、
　下にビヘイビアの設定画面が出てくる
・設定画面の「＋」をタップして、ビヘイビアを追加する
・自由度の高い「カスタム」を選択する
・「トリガ」と「アクションシーケンス」を設定する
　トリガは、アニメーションを開始するきっかけのことです。どのようなきっかけでアニメーションが始まるのかを指定します。

表4-3 **ビヘイビアの解説**（よく使う簡単なアニメーションセット）

ビヘイビア	解　説
タップすると反転	タップ後にオブジェクトを反転します
タップするとサウンド再生	タップ後にオブジェクトからサウンドを再生します
タップすると力が加わる	タップ後に衝撃を加えます
開始時に非表示	シーンが開始したときにオブジェクトを非表示にします
待機してから表示	何秒後かにオブジェクトを表示します
近いと揺れる	オブジェクトが近くにある場合に揺らします
カスタム	独自のビヘイビアを作成します（慣れたらオススメ）

・トリガ一覧から「タップ」を選択する。
　影響を受けるオブジェクトが「なし」になっているような場合は、動物をタップして「完了」をタップする。

表4-4 いろいろなトリガ（アニメーションを開始するきっかけ）

トリガ	解説
タップ	オブジェクトがタップされたときに
シーン開始	シーンが開始したときに
カメラの近く	オブジェクトに近づいたときに
衝突	指定されたオブジェクトが衝突したときに
通知	Xcodeで通知トリガを定義します

アクションシーケンスは、どんなアニメーションをするかを選択します。様々な種類のアニメーションが用意されていますので、イメージに合うものにします。

・「力を加える」を選択する
・「モーションタイプ」を「ダイナミック」に設定するか確認されるので「アップデート」する

はじめは真上に飛ぶ設定になっているので、お好みで矢印を調整しましょう。ベロシティは「速さ」を表しています。例えば「5km/h」にすると、ちょっと上がります。

確かめる場合は、画面の上部の「▶」ボタンをタップしてアニメーションを再生します。そのあと動物をタップすると、指定していた方向にオブジェクトが飛びます。

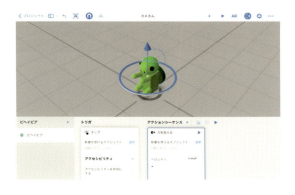

また、複数のアクションを起こしたいときは、アクションシーケンスの
「＋」をタップして、アクションを追加します。１つのアクションが終わっ
たら、次のアクションが始まります。また、同時にアクションを起こさせた
いときには、追加したアクションを長押しして移動し、最初のアクションに
重ねます。例えば、ジャンプしながら、音を出すなどのときです。同じアク
ションをくり返したいときは、「くりかえしボタン」をオンにします。
　「トリガ」と「アクションシーケンス」をいろいろ組み合わせると、複雑
なアニメーションをつくることができます。例えば、車や電車が自由に走っ
たり、ロケットや飛行機が飛んだりするミニチュアの街を再現もできます。

表4-5 いろいろなアクションシーケンス

アクションシーケンス	解　説
強調	アニメーション付きのオブジェクトに注意します
表示	アニメーション付きのオブジェクトを表示します
隠す	オブジェクトを非表示にします
移動/回転/拡大（絶対）	オブジェクトを特定の位置に移動回転拡大縮小します
移動/回転/拡大（相対）	オブジェクトを現在地から相対的に移動回転拡大します
力を加える	ターゲットのオブジェクトに衝撃を加えます
オービット	オブジェクトを別のオブジェクトを中心にして回します
回転	その場でオブジェクトを回転します
シーンを変更	別のシーンに変わります
サウンドを再生	関連付けられたオブジェクトからサウンドを再生します
環境音を再生	シーンに固定されたオーディオを再生します
ミュージックを再生	AR体験中にミュージックまたはサウンドエフェクトを再生
待機	指定された時間だけ待機します
USDZアニメーション	USDZファイルに付属するアニメーションを再生します
カメラを見る	オブジェクトをカメラに向けます
通知	Xcodeで通知アクションを定義します

図4-1 Reality Composerの簡単な解説シート

AR動物のつくり方を解説したムービー
『ＡＲオブジェクトをつくって遊ぼう』
https://youtu.be/_U0FOGDx6I8

⊕ Scaniverse（iOS）で実物を3Dスキャンする

　　　　　　　Niantic社のiPhoneやiPadで3Dスキャンができる無料のアプリです。
　　　　　　　取り込んだオブジェクトは、Reality Composerなどのアプリで活用できます。アプリ内で簡単な360度ムービーを制作することもできます（執筆時 version3.0.1）。

〈3Dスキャンする方法〉

1 「＋」NEW SCANをタップする（今回はMeshを選択）
　Splatは、背景と共に、写真のようにリアルな描写をAIが作成します。
　Meshは、他のアプリで活用するための3Dモデルとしてスキャンします。

2　サイズを選択する（どれを選択してもあとで変更できます）

　Small Object（food 食べ物, toys おもちゃ, pets ペット, flowers 花）
　Medium Object（people 人々, vehicles 車両, furniture 家具）
　Large Object / Area（rooms 部屋, buildings 建物, outdoor spaces 屋外スペース）

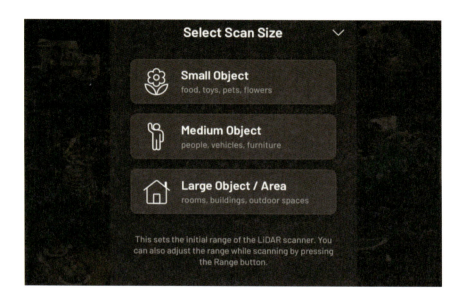

3　対象物までの距離を調節する

　対象物のサイズを正しく選択していれば、そのまま調整しなくても構いません。調整したければ、画面右のRangeから適切な距離を選択する（0.3m〜5.0m）。赤い線でスキャンできる範囲がわかります。

4　3Dスキャンする

　画面右の●をタップして、いろいろな方向からタブレット端末を動かしてスキャンします。スキャンが終わったら■をタップします。

〈綺麗にスキャンするコツ〉

　・上から螺旋を描くように、対象物の周りを１周する。
　・何度も同じところをスキャンしすぎると、ズレてしまう場合がある。

〈スキャンするのに苦手なもの〉

　・透き通っているもの　　　・動いているもの　　　・厚みが薄いもの
　・暗いところにあるもの　　・５mを超える大きいもの

5　Processing Mode（加工の仕方）を選択する

Speed	多少荒いが速く加工できる（LiDAR – 10mm）
Area	部屋や空間に適している　（LiDAR – 5mm）
Detail	模様のあるオブジェクトに最適　（photogrammetry）

・加工が気に入れば、Saveする
・Raw dataを保存しておくと、後からもう一度加工の仕方を変更できる

6 編集する

EDITボタンをタップすると、オブジェクトを編集できます。

CROP	不必要な部分のトリミングができる（一番よく使う）
FILTER	色合いを一覧から変更することができる
EXPOSURE	明るさが調整できる
CONTRAST	濃淡を調整できる
SHARPNESS	ぼやかしたりすっきりとさせたりできる

　画面右上の３点リーダーをタップすると、タイトルの変更や撮影場所、ファイルサイズが確認できます。

7　AR表示をする

AR VIEWをタップすると、オブジェクトをAR表示できます。

8　SHARE（共有）をする

Post to Scaniverse	Scaniverseのサイトに投稿する
Send in Message	Messageアプリで友人に送る
Post to Sketchfab	Sketchfabのサイトに投稿する
Create Video	オブジェクトを360度から眺めたムービーを自動作成する
Export Model	別のアプリで使えるように出力する（USDZがおすすめ）

Export Modelできる種類

・保存形式を選択して、「Save Files」をタップする。

FBX.	アプリやゲームに一番活用されているサポート形式
OBJ.	テキストベースの3Dフォーマット
GLB.	Web用のオープン3Dフォーマット（バイナリー形式のGLTF）
USDZ.	ARKITに使ったり、iPhoneに共有したりする場合に最適（おすすめ）
STL.	ステレオリゾグラフィファイルの3Dフォーマット
PLY.	高密度カラーポイントクラウド
LAS.	地理参照カラーポイントクラウド

3Dスキャンする方法を解説したムービー

https://youtu.be/VBsE4x7V-zM

〔Scaniverseで３Dスキャンしたサンプルデータ〕

  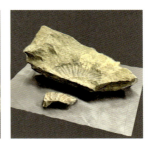

その他のおすすめアプリ

【Tinkercad（Webアプリ、iOS）】

　　Autodesk社のWebブラウザで作成できる無料の3Dモデリングプログラムです。積み木のようにブロックを乗せていくだけで、簡単に立体的な構造物をつくれます。

　iPadのアプリ版では、AR Viewerをタップす ると AR体験ができます。さらに、エクスポートからUSDZ形式を選択すると、Reality Composerに取り込むことができるので、アニメーションを追加することもできます。

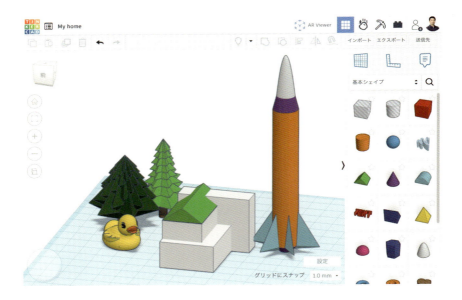

【Gravity Sketch（Quest 2、Quest 3）】

　　　　　　　　Gravity Sketch社の3Dモデルを作成するVR用の無料アプリです。両手に持ったVRコントローラを操作して作成します。イメージできるものなら何でも描くことができます。特に、半透明のオブジェクトを作成するときはこれを使うと便利です。

　OBJ形式でエクスポートして、MacアプリXcodeでUSDZ形式に変換することで、Reality Composerに取り込むことができます。

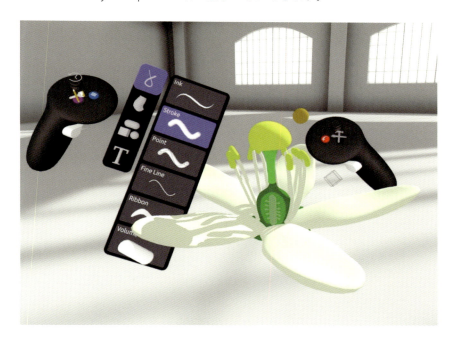

VRで花を作成する方法を解説したムービー
『VRで花の作成』
https://youtu.be/Ryds0cB007I

VRで描いたものをARコンテンツとして使う方法
『VRで描いたものをARコンテンツとして使う方法』
https://youtu.be/mMeAZrYq6G8

第5章
ARを活用した授業のアイデア

私は中学校理科の教師なので、AR活用のアイデアが浮かんでも自分が行う授業の中では扱うことができないこともあります。そんなアイデアをいくつか紹介しますので、ピンときたものがあれば、ぜひ実践してみてください。

・ミニチュアで過去の街並みを再現

　自分たちの街の様子を過去の文献などを頼りにして再現します。生徒には、iPadアプリ「Keynote」で、当時の人々や街の様子、道具などを絵で描いてもらいます。奥行きに合わせてページを分けて、それぞれを背景なしのPNG画像として書き出します。それらをReality Composerで取り込んで、描いた絵を並べて、街を再現します。過去だけではなく、現在や未来の街並みを想像してもよいかもしれません。

　街並みをARで見ながら当時の様子を眺めます。ミニチュアとして小さくAR表示をしてもよいし、実寸大にAR表示して街を歩くのも楽しいでしょう。また、AR表示したままムービーを撮影して、解説を声で吹き込むのもよいかもしれません。

・物語の立体紙芝居

　過去の街並みの方法と同じですが、例えば、物語の1場面を1枚の絵にします。たくさんの場面の絵を描いて、Reality Composerに取り込んで、場面が進むごとに、奥の方に絵を置いておきます。AR表示で絵を大きくして、自分が歩くにつれて次の場面に移るようにすると、体を動かしながら物語の世界に入り込むことができます。

・ロケットや大仏を並べる

　通常、ロケットや大仏などの大きなものは現地に行かないと見ることができません。そのため、授業で大きさを比較しようとすると、どうしても数値での比較となり、実感がしづらいです。そこで、ロケットや大仏の写真や描いた絵をReality Composerに取り込んで、実際の大きさまで拡大して、アプリ上で並べます。そして、AR表示をすることでどれくらいの大きさなのかを実感することができます。

・世界のどこかの紹介ムービー

　英語で何かを紹介するムービーを撮るという課題を出します。Keynoteで過去の偉人や外国人や動物を描いて、AR表示します。英語で話をしながら画面収録で撮影します。

・大型迷路

　遊園地などにありそうな大型迷路を運動場にARで出現させると文化祭でも楽しめるかもしれません。壁をすり抜けられないように壁に触れると風船が飛んだり音がしたり、また、ゴールから音楽が聞こえるようにしておけば、シンプルな中にも楽しい要素を詰め込むことができます。

・いろんな楽器の音色

　3Dスキャンした楽器に近づくと、その楽器から音が聞こえてくるというのはどうでしょうか。楽器の大きさや種類によって、音色の違いを楽しめます。

- **バランスタワー**

　遊びの中にもいろいろな感覚を養う機会があります。タワーが倒れてしまわないように直方体をスライドさせて遊びます。後片付けも、ARならResetボタンを押すだけなので簡単に行うことができます。

- **不可能図形の制作**

　目の錯角を利用した現実ではありえない構造を不可能図形といいます。ペンローズの三角形や悪魔のフォークや階段が有名です。これらの図形はARで再現できるものがあります。ある方向から見ると不思議に思っても、別の方向から見ると、タネがわかり、図形の不思議さを感じることができます。

- **箱を使って三択クイズ**

　三色の箱のうちどれか1つに正解を表すボール等を入れておき、問題の答えだと思う箱に近づくと、箱が消えて、中が見えるようにすると、ゲーム性のあるクイズができます。

・大型水族館・動物園

　生徒たちが描いた魚や動物をたくさん取り込んで、AR空間で動くようにすれば、大型水族館や動物園が簡単に完成します。動物に近づくとその動物の鳴き声が聞こえるようにすると、さらに迫力が増します。

・テレポーテーション授業

　生徒たちと授業者が離れたところにいるオンライン授業での活用方法です。シンガポール、ドイツ、アメリカ、オーストラリア、南極などの海外に授業者がいるとき、写真を使えば現地レポートができますが、大きさなどは伝わりづらいです。そんなとき3Dスキャンしたデータをロイロノートなどで送れば、生徒自身でAR表示をして、大きさや質感を感じることができ、リアルタイムに現地とつながっている感覚が味わえます。特に、大きかったり重すぎたりして持って帰れないものや、そもそも持って帰ってはいけないものを見せたいときに活用できそうです。

おわりに

　最近、何でも効率化しようとする風潮があります。かける時間を短く、手間を少なく、労力を小さくすることが効率化です。効率化することで、余った時間や労力を別のことに費やすことができて、自分の選択肢が増えます。やりたいこと・やれそうなことがいろいろある中で、無駄なことに時間をかけたくないのはよくわかります。

　ただ、そんなに急がなくてもよいのではないか、じっくりと取り組むのもよいのではないかと思っています。特に、スキルの習得や考えを深める場合がそうです。例えば、野菜に出汁が染み込むのは、温かい状態から冷める時です。だからといって、冷蔵庫で一気に冷やしたところで十分に染み込むことはありません。時間をかけないといけません。ところが一旦油で揚げてから染み込ませると、だんぜん染み込み方が変わります。このように無駄を削るという考え方ではなく、技術的に新しいことをすることで、新しい価値が生み出せます。また、一見無駄だと思うようなことに夢中になって遊ぶ中でも、新しい何かが生まれます。簡単にうまくいくこともあれば、なかなかうまくいかなくて試行錯誤していくなかで得られる達成感があり、それが成長につながります。

　これまでになかった学び方をすることで大きな成長ができるかもしれません。それに貢献するのが新しい技術です。今回紹介したARという技術は、子どもだけでなく、教師自身も新しい価値を見出し、学びをクリエーティブなものにしてくれます。

　本書をご覧いただきありがとうございました。目の前に飛び出すARにワクワクを感じたでしょうか。「はじめに」でも述べましたが、授業でのARの活用が普通になる世の中になればよいなと思っています。ぜひ、みなさんもARの世界に飛び込んで、自由に何かを創造してください。そして、他の人にも見せてワクワクを伝えてください。

　読者プレゼントとして、私が制作した多くのARコンテンツにアクセスできる2次元コードを用意しました。楽しんでいただければ嬉しいです。

最後になりましたが、本著を出版するにあたり、応援してくださった全国の友人たちに感謝申し上げます。そして、私の拙い文章に最後まで向き合ってくださった東洋館出版社の皆様、とりわけ編集担当の北山俊臣氏に、この場をお借りして心からお礼申し上げます。

2024年7月吉日

矢野充博

矢野充博（やのみつひろ）

1975年生まれ。2006年から和歌山大学教育学部附属中学校に勤務。理科教諭。同校の1人1台iPad導入の整備、やのセミナー（オンラインセミナー）、Yanoteaチャンネル（YouTube）、など多岐にわたり活躍。授業では、ロイロノートや電子黒板、Apple Books、AR、VR、3Dプリンタを活用。特に、ARに関しては2020年から授業での活用を始めた。初めて制作したコンテンツはスライム。趣味はスケッチとiPhoneやドローンを使った写真撮影。Apple Distinguished Educators, Class of 2015、平成30年度文部科学大臣優秀教職員、第25回東書教育賞（奨励賞）、第37回東書教育賞（優秀賞）、第39回東書教育賞（入選）、NHK for School 考える授業やるキット制作メンバー、日本理科教育学会員、ロイロ認定イノベーター。

カスタマーレビュー募集

本書をお読みになった感想を下記サイトにお寄せ下さい。レビューいただいた方には特典がございます。

https://www.toyokan.co.jp/products/5664

中学校
ワクワク飛び出す
ARを使った理科授業

2024（令和6）年10月15日　初版第1刷発行

著　者　矢野充博
発行者　錦織圭之介
発行所　株式会社 東洋館出版社
　　　　〒101-0054　東京都千代田区神田錦町2-9-1
　　　　　　　　　　コンフォール安田ビル2階
　　　　代　表　電話：03-6778-4343　FAX：03-5281-8091
　　　　営業部　電話：03-6778-7278　FAX：03-5281-8092
　　　　振　替　00180-7-96823
　　　　Ｕ Ｒ Ｌ　https://www.toyokan.co.jp

［装　丁］原田恵都子（Harada+Harada）
［挿　画］docco
［組　版］株式会社 明昌堂
［印刷・製本］株式会社シナノ

ISBN 978-4-491-05664-7　　Printed in Japan

JCOPY 〈(社)出版者著作権管理機構 委託出版物〉
本書の無断複写は著作権法上での例外を除き禁じられています。複写される場合は、そのつど事前に、(社)出版者著作権管理機構（電話 03-5244-5088、FAX 03-5244-5089、e-mail: info@jcopy.or.jp）の許諾を得てください。